ちょっとお話ししませんか

祈りと音楽の調べにのせて

三澤洋史

ドン・ボスコ社

目次

第三章　三澤洋史の超主体的音楽論

少しだけ長い　まえがき――生い立ちから信仰の道まで

石橋を叩いて、叩いて、叩き尽くして、ここにいる

私は、音楽家としても信仰者としても、いつも心に、「自分はしょせん『なんちゃって』じゃないか」という引け目のようなものを感じていた。

というのは、普通、プロのクラシック音楽家になるためには、たとえば、「三歳からピアノとヴァイオリンを始めて神童と呼ばれて」、などという英才教育を受けなければ無理、という常識のようなものがあるし、こうして偉そうに本を出すようなカトリック信者であるならば、宗教的な家庭環境の中で幼児洗礼を受けて、というのが当然のように思われているじゃないですか。

しかしながら私は、そうした環境とはまったく無縁のところで育ち、思春期に入ってから、音楽も信仰も自分の意思でアプローチし、何も知らないところから始めた。それ故、エリートだったら一直線に進めた人生で、いろいろ不必要な回り道もしたかもしれない。

でも、一つだけ胸を張れることがある。それは、これまでの人生で、大切なことは誰にも気兼ねなくすべて自分の意志で選び取ってきたという誇りだ。この玉石混淆の世界の中で、私が「これだ！」と感じたものは、私の中では常に紛れもなく真実であった。

いろんな経験をした。音楽に関しては、最初に自分を捉えたのはクラシック音楽ではなくジャズだった。現在でもクラシック音楽と同じくらいジャズやラテン音楽が大好きだ。ピアノは自己流で弾いていて、ドレミファソと小指まで弾いたあと、どうやってラにいくのかも知らなかったが、高校一年生のときに正式に先生に習ってバイエルから始めた。

同時に作曲も自己流で始めた。バイエルを習っていたときは、バイエル程度の曲を勝手に作っていた。チェルニー、ソナチネと進んでいき、ソナタに入ったときには、さすがに簡単ではなかったが、なんとか見よう見まねで作ってみた。みんなそうするものだと思っていたけれど、音大に入って変わり者扱いされて初めて、みんなはそうじゃないのだと知った。

信仰者としても、若いころからありとあらゆる宗教書を読みあさった。つまりキリスト教ありきでは全然ないのだ。新興宗教も含めて宗教批評家といっても過言ではない。ただ、それらを経て、とどのつまりカトリック教会に籍を置いているということは、私にとってとても大きな意味があるのだ。私は石橋を叩いて、叩いて、叩き尽くして、その結果ここにいるのだから。

もっと重要なことがある。私は音楽と宗教とを決して切り離して考えることができない人間である。私は世界を〝音楽的〟に認識する。頬を撫でる風にメロディーを感じ、流れゆく雲に和声を感じる。夕焼けの美しさに管弦楽の色彩を感じる。世界は魔法に満ち、その背後に至高なる存在が息づいているのを体感する。

実際の音楽を奏でるときの私は、その響きの中に日常生活にはない純粋な世界、すなわち美や調和の理想的姿や、限りなき精神の高みを見いだす。音楽をする私が息を吸うと、自然と神の息吹が入ってくるし、息を吐くと、神への思いが溢れ出る。

ということで、かなり変わっているかもしれないけれど、まず皆さんに、私がどんなふうにして音楽と信仰への道に入っていったか、詳しくお知らせしたいと思う。

生い立ちと父母のこと

日本が敗戦の痛手からようやく立ち直り始め、そのまま高度成長へと突き進もうとする一一九五五年、私は、群馬県の現・高崎市新町《しんまち》に生を受けた。高崎線各駅停車が神流川《かんながわ》を越えて群馬県に入って最初に停まる駅である。町は小さくとも、たとえば、上野村や鬼石町《おにしまち》あたりの人たちが東京に出て行くときには、必ずこの駅を経由しなければならないため、新町駅は県の西南に広がる多野郡《たのぐん》の人たちの交通拠点になっている。

以前はこの町も多野郡に属していたが、藤岡市が間に入って新町を包み込んでいて、多野郡のほかの町村とは分断され、陸の孤島になっていた。その後、市町村の吸収合併などが盛んになってきたので、新町は藤岡市に合併するのかと思われたが、二〇〇六年に結局高崎市に吸収合併された。しかしながら、やはり藤岡市を突っ切らないと高崎に行けないので、今度は高崎市と分断されている。そんな地理的シチュエーションから、この町は昔から独立心が強く、町民はこの町に誇りをもっていて、まとまっていた。

私の父はこの町で生まれ育った大工で、「自分は小学校しか出ていないけど、お前たちを養っているんだぞ」と自慢げに話していた。小学校を出た年に父母の許を離れ、親方の家に住み込んで丁稚奉公をし、飯炊きから始まって、金槌の打ち方やカンナの削り方を親方に厳しく仕込まれたんだ、盆と正月以外は家に帰してもらえなかったんだ、と何度も聞かされた。私は、そんな父を偉いと思うよりも、自分はそういう環境に生まれなくて本当によかったと思っていた。

飯炊きを毎日したと言いながら、私が子どものころから晩年に至るまで、父親がお勝手に入ったのを見たことがない。家の中で必要なことは、すべて母を動かしてやらせていた。父は、がっしりと筋肉質であり、いつも冗談ばかり言っていた穏やかな人であったが、小柄であった。母のほうがふくよかで大きかったので、父は、「俺たちは蚤の夫婦だ」といつも自嘲気味に言っていた。

母は、隣の玉村《たまむら》にある農家から見合いで三澤家に嫁いできた。決して美人とはいえないけれど、典型的な日本のかあちゃんという感じで、やさしく温かかった。子どものころはいつも甘えて母の胸に抱かれるのが大好きだった。私はお母さん子だった。

幼稚園入園式の朝

父は働き者であった。母のほかに父の両親と二人の姉を含めた私の家族は、経済的な心配もなく、平和な毎日を送っていた。大工の生活は規則的で、父は五時過ぎには毎日帰って来たし、夕食は六時と決まっていた。お酒が飲めなかったので、大工としてやっていくのにいろいろ大変と言っていたが、夕食は十五分で済んだので私たち子どもにとってはありがたかった。

私が中学二年生のときに父親は独立し、個人企業の三澤建設を興した。そのときに、自分が無学な故に二級建築士の資格しか取れなかったのが残念だと言った。

私は、その言葉にとても驚き、初めて気の毒に思った。あの自慢は、コンプレックスの裏返しだったのかと気がついたのだ。それで私は、大学の建築科に進んで一級建築士の資格を取り、父を助けて三澤建設を大きくしてやろうと考えた。

我が家の宗教観

話はさかのぼるが、家には神棚と仏壇があり、その両方はとても大切にされていた。大工は、地鎮祭《じちんさい》や「たてまい」と呼ばれる棟上《むねあ》げ式など、神道との関係が深いため、家でも神棚の地位は高かった。子どものころから、年末になると決まって神棚の社《やしろ》を丁寧に掃除させられた。ロウソクを灯し、水や食べ物をお供えして新年を迎える。幼心に、そのときだけちょっと宗教的雰囲気に浸るのは心地よかった。

では両親は信心深かったかというと、全然そんなことはなかった。あるとき、近所で葬式があった。私はなんだか死というものが恐くなって、母親にそっと聞いた。

「ねえ、死んだらどうなるの？」

母親は、「死んだら、そのままなんにもなくなっておしまいさ」と平気な顔で言う。そのくせ、故人に向かって、「あの世で安らかにね」なんて言っている。どうみても矛盾でしょう。でも私はまだ幼かったから、それにあえて反発する気もなかったので黙っていた。

私はというと、誰にも教わらなかったけれど、ごく自然に神の存在を信じていた。また、この自分という魂が、死んだら消滅してしまうという考えはナンセンスでしかなかった。

家から小学校までの通学路にカトリック新町教会があった。現在の建物ではなく白い木造の平屋で、庭の隅にルルドの聖母の像があった。私はその教会にあこがれていた。

「あそこは、なにか特別な空間で、なにか特別なものがある」と、わけもなく思っていた。それに、あの女の人は誰だろう？　きれいでやさしそうだ、と思った。

クラスメイトで日曜学校に行っているという子がいた。私も興味をもって、母親に、「日曜学校というところに行ってみたい」と言ったら、「あんなアーメンソーメンのところになんか行ったら、頭がおかしくなるから、やめな」と頭ごなしに否定された。

それ以来、私の宗教への興味は封印されてしまった。

思春期と音楽

私が音楽に特別な興味を示すようになったのは、中学校に入ってからだ。吹奏楽部に入り、トランペットを担当した。当時はグループサウンズやフォークソング華やかなりしころ。私はクラブ活動に精を出しながら、個人的にギターにも興味をもち、父に頼んで買ってもらい、教則本によって独学で始めた。

「禁じられた遊び」などを弾いて満足していたが、ある日、教則本のページをめくったらコードネーム（和音を表す記号）というものが出ていた。最初は面倒くさがっていたが、コードネームが読めるようになると、『平凡』などのアイドル系週刊誌の付録に載っている歌謡曲の歌詞を歌いながらギターで伴奏ができることに気がついて夢中になった。

中学二年生のとき、家の近くにある大久保医院の先生が、自分の家の敷地内の牛小屋を取り壊して小さなスタジオを建て、合唱団とジャズバンドをつくった。そこに私がトランペットを吹くために呼ばれた。私はその、牛小屋の跡地で練習するバンドを勝手に「モウモウ楽団」と呼んでいた。正式名称はあったのだろうが、覚えていない。

そのスタジオには、ピアノが置いてあって、大久保先生は「いつでも来て勝手に弾いていいよ」と言ってくれたので、僕は毎日のようにそこに通ってピアノを弾いた。

私は、ギターで習ったコードネームをピアノで応用できることに目覚め、それが面白くて、いろんな曲を、歌集のコードネームを見ながら、弾き語りしていたのだ。時のたつのも忘れてピアノと戯れているうちに、自分が音楽というものを構造的に捉えることに特別に喜びを感ずる人間であることを発見した。

歌謡曲の和音進行に従いながら、私はその上に即興で何種類ものメロディーをつけることを覚え、それがジャズのアドリブにつながることを知ったし、さらに和音進行を自分で展開して作曲の真似事も始めた。気がついてみたら、私は「モウモウ楽団」で、トランペットやピアノでアドリブ演奏をし、さらにこのバンド編成のための専属編曲家となっていた。

そんなことがなぜ、専門教育も受けていない中学生の自分にできるのかわからなかったが、今から考えてみると、才能というものは、そんなふうに神から無償で与えられるものなのだろう。いつしか私は、自分は音楽をやるべく運命づけられているのではないかと思い始めていたし、こうした自分にまつわる一連の不思議な出来事をとおして、私の心の奥底には、人智を超える存在への信仰心が、すでに芽生えていたようにも思われる。

中学校を卒業して、群馬県一の進学校である高崎高校に入った。多感な思春期の真っ只中、私は自分の中に、なにかドロドロとしたものがマグマのようにたぎるのを感じ、それを律するものを見いださなければ、自我が崩壊するのではないかという危惧感を覚えるようになっていた。この年代の若者は、みんな同じような心の葛藤を感じるのかもしれない。自分が醜く価値のない者のように感じられたかと思うと同時に、それと比例するように、美しいもの、崇高なるものにあこがれ、それに近づきたいという、飢え乾くような欲求をもつようになった。

いつしか、それを満たしてくれるものは音楽しかない、という確信を得て、自分は何があっても音楽と離れるような人生は送りたくない、そうだ、音楽家になるしか道はないのだ、と思い込むようになっていた。そして高校一年の夏休みのある日、それを父に告げた。

「音楽大学に進学したい。そして音楽家になりたい」

それは、私が大学の建築科に進むことを期待していたであろう父に対する裏切行為のように感じられた。しかし父親は、意外にあっさりと理解を示してくれた。

「お前は頭が良いから、最初からあきらめていたよ。大工を継ぐことに縛られる必要はない。好きな道を歩みなさい」

キリスト教へのアプローチ～教会を巡り歩いて辿り着いたところは……

音楽の場合は、それですんなりいった。しかし、私の音楽への情熱は、宗教へのあこがれと分かち難く結びついていたが故に、父は、長男の跡継ぎからの断念とともに、後にもう一つの大きな問題に悩まされることとなる。

クラスメイトにプロテスタントの信者が一人いて、けなげに友達を教会に誘おうとしてはみんなにバカにされていた。でも私は彼をバカにするどころか、みんなに冷やかされてもめげないで伝道活動を続けている彼を支えているものこそ、〃信仰の力〃なのだろうと、尊敬の念を抱くようになっていた。

高校二年の秋、私は彼と一緒に、ある外人宣教師のいる教会を訪ねた。宣教師はベッコンさんといって、多くの外国人がそうであるように長身で、高い鼻と長い顔立ち、そして、ちょっと神経質そうな表情をしていた。

私が彼の部屋に行くと、彼は握手を求めてきた（当時珍しかったので、ちょっとあわてた）。それから、いきなり旧約聖書の創世記を開いた。そしてこう言う。

「『はじめに神は天と地とを創造された』この言葉をあなたは信じますか？」

「いえ……」

「え？ どうしてですか？」

「信じたいと思ってここに来たのです。ですからまだ信じていないんです」

ちょっと彼の顔がゆがんだのを私は見逃さなかった。そして、まるで私に反論するように言った。

「でも、ともかくこの言葉を信じてください。そうでないと先に進めないのです」

「はあ……」

そこでベッコンさんは、聖書のいろんな個所を開いて読みながら、私の説得にかかった。

「イエスさまは、このようにして人類の罪を担って十字架にかかったのです。これを信じますか？」

「信じたいです……。でも、今日の今日では無理です」

ベッコンさんの顔はますますゆがんだ。私はいたたまれなくて教会を出た。信じたいけれども、盲信はできない！　その後、まるで放浪者のように、日曜日ごとにいくつもの教会の門を叩いては、私は同じような失望を感じながら訪れた教会をあとにした。

そのとき、私はふと、家の近くのカトリック教会のことを思い出した。

「あそこに行ってみよう」

平日の夕方だったと思う。そのころ私は合唱部に入っていたのだが、その日クラブ活動はどうしたのかよく覚えていないが、とにかく授業が終わって、高崎から新町まで電車で戻って、計画を実行した。ドキドキしながら教会の扉を開けたら、小柄で丸顔の中年女性が出てきた。

新町教会は司祭が住んでいない巡回教会である。あとで知ったが、その女性はカテキスタといって、教理を教えるカテキスタ会のシスターだった。教会では向坂《さきさか》先生と呼ばれ、教会の敷地内に一人で住んでいた。

ベッコンさんのようにすぐに、「では神さまを信じましょう」とくるかと身構えていたら、女性はいつまでも世間話をしている。私のほうが業を煮やして、「あのう……神さまを信じたいと思って来たのです」と言った。すると向坂先生は、さらりと答えた。

「そうでしょうね。教会に一人で来たくらいだから。でも、そんなに簡単に信じられるはずないでしょう。しばらく通ってみればいいのですよ」

私は拍子抜けした。そして思った。「同じキリスト教でも随分違うなあ。なんてユルいんだろう。やる気あんのか？」

でも同時に、なんかいいなぁ、と感じてもいた。時間をかけて、だんだん信じていけばいいのか。ここ、自分に合っているかも。

「あ、そういえば、あなた音楽を勉強していると言ってたわね。ピアノは弾けます？」

「もちろんです」

「では、お願いしたいことがあるの。今度の日曜日の夕方のミサで、オルガンを弾く人が誰もいないんです。いつも弾いてくれるのは中学二年生の女の子なんだけど、出かけて無理だと言ってきたので、よかったら弾いてくれません？」

えっ？ 信者でもないのに？ それに今日足を踏み入れたばかりだよ。ミサって何だ？ 内容もわからないこの私に、ミサの進行に沿って聖歌のオルガンを弾けと？ しかし、そんな不安よりも興味と好奇心のほうが勝った私は、即座に返事をしていた。

「いいですよ。では曲を教えてください」

典礼音楽演奏デビュー

私はそのまま聖堂に行ってオルガンを練習し始めた。向坂先生は、少し離れて聞いていたが、やがて満足そうな顔をして聖堂を出て階段を降りていった。

しかしながら私は、弾き始めてただちに後悔した。足踏みオルガンはピアノとは全然違う。曲のテンポとは無関係に、両足を交互に使ってペダルを踏みならすことで、空気を均等に送り込みながら鍵盤を弾かなければならない。曲は難しくないのだが、コラール形式の聖歌ではメロディーがつながらない。指を鍵盤から離すと音が止まってしまうのだ。打鍵の強弱は音楽にまったく反映されない。これは大変なことを引き受けてしまったと焦った。

そこで、次の日も次の日も私は教会に行ってオルガンを練習した。最初は弾くのに夢中で、あたりを見る余裕もなかったけれど、練習に疲れて静かに目を上げてみたら、聖堂全体に凛とした気が漂っている。ここにいるだけで、なにか至高なる存在と結ばれている気がする。私は気がついた。そうだ、すでに自分は神を信じている。いや、子どものころからずっとそうだった。そして今自分は神の家にいる！

それにしても、あのおばさん。自分のようなどこの馬の骨だかわからない者に、ミサの伴奏を任せるなんて、とってもテキトーだけど、きっと人間を信じているんだろうな……。いいな、この教会。

いよいよ運命の日曜日がやってきた。私はドキドキしながらオルガンのところに座って小さい音で練習していた。ミサの時間が近づくにつれて聖堂内に信者たちが入ってきたが、当然ながら誰一人として私を知らない。みんな私の姿を見てけげんそうな顔をしている。嫌だな、こんなアウェイな状態でオルガンを弾いて、しかもトチッたりしたら、みんなになんて思われるか知れたもんじゃない、と不安がマックスになっていたとき、一人の少女が息を切らせながら聖堂内に飛び込んできた。

それは、ゆったりと聖水を取って十字を切るほかの会衆の動きとあまりにも違っていたので、なんだ？　と驚き、私の視線は彼女にフォーカスされた。やや小柄でお下げ髪、両側を二つのゴムで結んでいて、真ん中の分け目の一本線が妙に真っ直ぐなのが印象に残った。

卵形の顔の両頬は赤くややふくらんでいて、実年齢よりもずっと幼く見えた。彼女は私がオルガンを弾いているのに驚いた様子だったが、私を見つめる視線にはほとんど敵意に近いものがあった。「誰?」と、その目は語っていた。

その雰囲気を察知して、向坂先生があわててやって来た。

「あ、千春さん、間に合ったんですね。この人は新しくこの教会にやって来た人で、千春さんがいないと思ったのでミサのオルガンを頼んだのです」

ああ、この子の代わりに自分がオルガンを弾くことになったというわけか。では、彼女がミサに間に合ったのなら、私のようなド素人が弾く意味がないでしょう。どうぞどうぞ弾いてください! ということで、私から彼女にお願いした。でも、聖体拝領唱《せいたいはいりょうしょう》だけはせめて弾いてくださいと言われて、引き受けることにした。

ミサが始まった。司祭の入堂《にゅうどう》に伴って彼女はなんの苦もなく聖歌を弾き出した。その後も、ミサの式次第《しきしだい》に従い、司祭の動きや言葉に対して、惚れ惚れするようなタイミングで弾き始める。こういうのがミサのオルガニストだとしたら、こんなのいきなりできるわけない! もし彼女がいなかったら、と思ったら背筋が寒くなった。

私は聖体拝領唱だけ弾いたけれど、いつ終わるのかまったく見当がつかなかった。彼女は私に視線を送り、「もう、やめるのよ」というサインを示したので、私は無事曲を終了することができた。ふうっ！　この曲を弾くだけで汗がびっしょり出た。これが私の生涯における典礼音楽演奏のデビューだった。

教会には、あのころたくさんの若者たちが集まっていた。たまたま高崎高校合唱部の後輩が来ていたのでびっくりした。その後も、私の影響もあってか同級生や下級生たちが集まってきて、いろいろ宗教談義をした。みんなすぐに信者になるという感じではなかったけれど、向坂先生をはじめ、誰もそれを気にしている様子はなかった。それがとっても居心地が良いので、私はずっとここに通おうと決心した。

教会でのさまざまな出会い

そのころ、この地区の主任司祭は藤岡教会にいて、カナダ人のフィン神父といった。大柄で赤ら顔で、とても温厚でやさしい人であった。あるとき、フィン神父は車に乗って私を桐生にある聖フランシスコ修道院に連れていってくれた。そこでは大勢のブラザー（修道士）たちが共同生活をしていて、私はその中の佐藤達郎さんという三十代後半のブラザーと特に仲良くなった。

いろいろ話しているうちに、ブラザー佐藤はこう提案した。

「一週間くらい修道院に泊まりに来ない？　ここでは常に黙想会が開かれていて、お部屋のお掃除をしたり、ベッドメイキングを手伝ってくれたら、その間お食事も出してあげるし、ただで泊まっていいんだよ」

よく覚えていないのだが、長い休みの間だったたか、とにかく学校の授業に差し支えない環境だったことは間違いない。私は、聖フランシスコ修道院で、早朝に起きて聖堂に行き、一人で祈り、それからミサを受けて始まる生活を一週間続けた。

修道院には「アーメン・ハレルヤ」や「神さまといつも一緒」などの名曲を作曲した修道士の末吉良次さんもいた。彼はギターを弾きながら作曲をしたし、私もギターが弾けたので、ブラザー佐藤も入って三人でブラザー末吉の歌を大声で歌った。楽しかった。このまま、こういう生活もいいな、と思った。

でも、一週間たったら家に帰りたくなってきた。ピアノもしばらく触っていないし、ベートーヴェンの交響曲も聴きたくなってきた。そのとき、思った。修道院での生活もいい。ブラザーや神父になる道も魅力的だ。だけどやっぱり自分は音楽もやりたい。聖歌も音楽には違いないが、もっとクラシック音楽の本道にどっぷりつかって、音楽の中で悩み、音楽の中で人間形成をしたい。私は欲張りなのかもしれないけれど、どちらか一つではなく、音楽の中で宗教も見つめ、どちらも極めていくような人生を送りたい。

その後もブラザー佐藤は、よく新町教会に来た。ブラザー末吉も来て、教会に集まっている若者たちみんなと一緒に聖歌を歌い、いろんなことを語り合った。ブラザー末吉は、現在、教会で広く歌われている名曲の数々をまさに作曲したばかりで、みんなに感想を聞いていた。

そんなこともあって、私はやがて国立音楽大学声楽科に入学した。音大のある玉川上水駅の近くに下宿するようになってからも新町教会へは毎週通い続けた。週末になると、私は一週間分の洗濯物を持って群馬の実家に帰り、日曜日は新町教会でミサを受け、青年たちと一緒に過ごすのを楽しみにしていた。

久々の再開！ Br佐藤（右）と筆者

ブラザー佐藤は、信仰への情熱に溢れた人で、私は彼から大きな影響を受けた。彼は、いつも祈る人で、私は彼から祈り方を教わった。また、福音宣教にも燃えていて、修道院に一週間いたときも、受刑を終えて帰ってきたり、いろいろ問題のある人などの家に私を連れて訪問して（中には迷惑そうな顔をする人もいたが）、神を語り、一緒に祈ったりしていた。

後に彼は日本を離れ、アフリカや中国に渡って福音宣教のために尽くしたが、中国での宗教弾圧で帰国を余儀なくされ、今では大阪に住んでいる。

受洗への道

ブラザー佐藤がいなかったら、疑り深い私が受洗まで漕ぎ着けたかどうかわからない。私が洗礼を受けたのは二十歳のとき、高校二年生のときに初めて教会を訪れてから随分たっていた。新町教会は居心地よかったし、仲間たちもいたのに、私は一体何をぐずぐずしていたのだろう？

神の存在はずっと信じていた。でも、自分の信じている神と、教会や聖書で語られている神とが本当に一致しているのか？という疑問が最後まで抜けなかったのだ。それに、教義を頭で理解するということに抵抗感があったのかもしれない。

私は、音楽を聴くと自分の心の中に天国的なる風景が広がるので、ああ、これが神というものだなと、すんなり理解できた。神は霊だと思うし、その霊というのは、被造物すべてのもの、すなわち、咲き誇る花々や、鳥のさえずりや木々のささやき、沈む夕日や、星くずなどに染み入っていて、それらすべてを内から輝かし、いのちを与えているのだ。

聖霊という言葉は、私の中では音楽とほぼ同義語で、それを受け入れるのになんの抵抗感もなかった。それは、自分が音楽にかかわっているとき、いつもインスピレーションを与え、崇高なる感動を与えてくれる、あの息吹に違いない、と。

けれど、カトリック信者になるためには、どうもそれだけでは足りないらしい。キリスト教では、人類はアダムとエヴァ以来の原罪を背負っており、その罪を贖《あがな》うために、イエス・キリストが十字架にかかって死んだ、ということを信じないといけない。

原罪かどうかわからないけれど、自分の中に罪というものがあるのはわかっている。でも、その贖罪のために、なんでわざわざキリストが十字架にかかって死ななければならないのか？ もしそれが神の計画ならば、その計画を遂行したイスカリオテのユダは、協力者としてむしろ感謝されなければならないだろう……。こんなふうに頭だけで考えていくと、矛盾が矛盾を生み、とても「すべてを受け入れて洗礼を」というところまで辿り着ける気がしない。いつもそれの繰り返しであった。向坂先生は、私が真面目に公教要理《こうきょうようり》を勉強しないので、すでにさじを投げていた。そんなある日、ふと開いた聖書の言葉が目に飛び込んできた。

敵を愛し、自分を迫害する者のために祈りなさい　（マタイ5・44）

またこんな実現不可能なことを言っていると笑って読み飛ばそうとしたそのとき、「あーっ！」と思った。そうさ、並の人間にはできるはずはないさ。でも、もしキリストが全宇宙を造った創造主の意識とつながっているとしたら、すべての被造物が自分の子なのだから、目の前に敵として立ち現れている者でさえ、同じ時代に同じ空間に生きる者としてつながっていると認識されるはずだ。分断ではなく、差別や排除ではなく、理解しようとすること、受け入れようとすること。敵でさえも含めた絶対的な博愛。これこそ神の言葉だ！

そう思ったら、「できる、できないではない。こういうことを言い切れる人を、自分は信じたかったんだ！」と感じた。その瞬間、自分はイエス・キリストという人物を信じていたのだ。

「そうだ、自分は完璧にイエスを理解しようともがいていた。でも、相手は神の言葉なんだ。だからすべてがわからなくていい。その代わり、これは信じられると言い切れるものが一つでもあれば、それを大切にすればいいんだ。そして、それを少しずつ増やしていけばいい」

もう、私の受洗を妨げるものは何もなかった。こうして二十歳のとき、私は洗礼を受け、正式にカトリック信者となった。洗礼名はアッシジの聖フランシスコ。そのころ夢中で見た、フランコ・ゼッフィレッリ監督の『ブラザー・サン・シスター・ムーン』という映画の影響もあるが、それよりも、聖フランシスコの生き方に共感したのと、その精神がブラザー佐藤をはじめ、聖フランシスコ修道院にいるブラザーたちに受け継がれているのを見たことも理由であった。

もう一つの出会い

もう一つ、大切なことがある。最初に新町教会を訪れたときに出会った、オルガンを弾く少女のことである。彼女を初めて見た瞬間、運命的なものを感じたことは白状しよう。しかしながら、高校二年生の私にとって、まだ中学二年生の彼女は妹のようにしか感じられない存在であった。

それにそのころ、私には付き合っていた彼女がいた。中学時代からの同級生で、高崎市立女子高校の生徒会長になったとても頭の良い子。私がある小説を読んで感動し、彼女に告げると、もうとっくに読んでいたという感じで、お互い尊敬し合っていたと思う。中学校二年生のときには、校内英語暗唱大会で私が一位になり、彼女が二位になって、二人で多野郡大会に出場し、今度は彼女が一位になって県大会にまで進んでいった。

しかし、たった一つ残念なことがあった。彼女は宗教にはまったく無関心であったのだ。私は、彼女にも信仰の世界に興味をもってもらおうと何度か教会に連れていったが、しだいに話が合わなくなり、とうとう別れてしまった。彼女のことを決して嫌いになったわけではない。でも、宗教的なところで一致を感じられないというのは、ともに人生を歩んでいこうとするときに、これほどの障害になるのか、と思い知らされて、それがおそらく（まだ受洗《じゅせん》もしていなかったが）、私を襲った最初の信仰の試練であった。

一方、オルガンの少女は、新町教会に集う若者たちとともに、私にとっては、信仰の話ができる最も親しい仲間の一人になっていた。私は彼女と代わりばんこにオルガンを弾いた。オルガンを弾くのも楽しかったけれど、彼女の伴奏に乗って聖歌を歌って自らの信仰心を鼓舞するのも充実感があった。

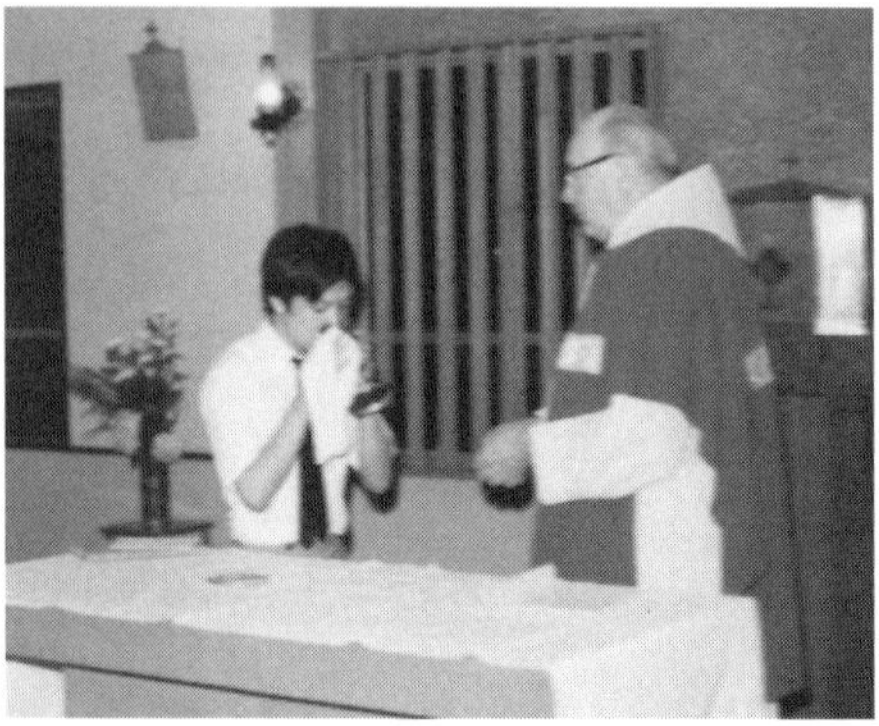

洗礼式（1975年）

彼女の揺るぎない信仰心は、猜疑心に満ちた私にとって心のオアシスのような存在であった。彼女の母親は、彼女が望むなら、神にささげて彼女を修道女にしてもいいと言っていた。シスターになるのかなぁ……素晴らしいなぁ……でも、もしこんな人を奥さんにしたら、自分の人生は随分変わるだろうなぁ……。

それからの話をくどくど書いても、皆さんには退屈なだけだろう。結論を言うと、彼女は結局私の妻になった。結婚してから気がついてみたら、彼女は、私が初めて新町教会に足を踏み入れたときから、ずっと私の側にいて自分の信仰の歩みをずっと見続けてくれていた存在であったのだ。

そして長い年月を経て、現在に至ってもそうであり続けている。

父との葛藤

さて、このあたりで父の話に戻ろう。父親は、音楽の道を私が歩むことには賛成してくれたが、私が教会に通うようになり、修道院に泊まり込んだりして、キリスト教にのめり込んでいくことに対しては過敏な反応を示すようになった。

「お前が、アーメンソーメンになんか入ったら、この神棚と仏壇はどうするんだ？」

「大丈夫だよ。それは守るから。それより、父ちゃんだって、別に仏教とか神道とか、信じているわけじゃないじゃないか」

「そういうことではないんだよ。これは家を守る大事な問題なんだ」

「僕にとっては、自分の心を守る大事な問題なんだ」

父にはまったく通じなかった。魂の問題と家の問題。観点が違いすぎて、そもそも議論が噛み合わない。

「とにかくアーメンソーメンは絶対に認めないからな！」

問答無用という感じであった。そこで、とても残念であったが、私は洗礼を親に内緒で受けた。

もうひとつ問題があった。結婚である。大学三年生になろうとするころ、私はかのオルガンの彼女と、国立音大を卒業したら一緒になろうと約束をした。そのころには、父は私が内緒で洗礼を受けてしまったことを知っていたが、私が神棚や仏壇をないがしろにしないことで溜飲を下げていた。しかしながら、カトリックの家族との結婚ともなると話は別である。

「だめだ！　どうしても結婚するというのなら、出て行け！」

なんだい、この現代に勘当の話かい？　ふざけんな。自分は自分の生きたいように生きるんだ。親といえども人の指図は受けないぞ、と怒りにかられた私は、なんと父にビンタをくらわせて家を出てきてしまった。

母は、オロオロと泣きながら、「父ちゃんに謝りな！　出て行かないでよう！」と私にすがりついてきたが、私はそれを振り払って、「長い間、お世話になりました！」と玄関の戸をピシャッと閉めた。その瞬間、「やっちまった！　どうしよう！」と内心思ったけれど、もうあとには引けない。お袋、ごめん！　でも自分は自分の人生を生きたいんだ。たった一度の人生を悔いなく生きたいんだ！

それからしばらく親との絶縁状態が続いた。私は大学四年生になっていて、親は私の授業料をすでに全額払い込んでいたので、私はさいわい大学を中退したり授業料を工面したりする心配はなかったが、差し当たっての生活費は自分で稼がなければならなくなった。

私が声楽科に在籍していながら指揮者を志した背景に、自分が音楽を構造的に捉えるのが好きで、作曲やジャズなどの即興演奏ができたというのがある。また、コードネームを見てすぐにピアノで伴奏を弾ける特技もあった。それで、立川駅前にあるダンケというビア・レストランでピアニストを募集していると聞き、早速そこを訪れ、働くことになった。

夜七時から三十分のステージを三回。最初の十五分はピアノ・ソロ、それからヴォーカルの伴奏をした。ステージが始まる直前に譜面を渡される。メロディーにコードネームがついているだけの楽譜。繰り返し記号を確認し、だいたいこんなテンポね、と歌手に言われて覚え込むが、前半のソロを弾いている間にテンポを忘れてしまったりして、最初は苦労した。でも、しだいに慣れてきたら、結構これは自分に合っているな、と楽しくなってきた。

そこに出入りしていた歌手の紹介で、私は新宿西口駅前のラインゴールドという店に移り、さらにライオン新宿店地下のビア・ホールに移っていった。移るたびにギャラが上がっていったので、私はそれでなんとか生活することができた。

さらに私にとってはありがたい話が飛び込んできた。新宿の中央公園の東側にニューシテイー・ホテルがオープンするが、その最上階にラウンジをつくる。そこで四人の女性シンガーとピアニストで生演奏のステージを行いたい。ついては、私に音楽監督になってもらって、選曲からはじまって、編曲とシンガーたちの練習をやってもらいたい、というのである。これで私は、当時の物価で月に四十万円以上稼ぐようになった。

結婚、そしてベルリンへの留学

ちょっと羽振りが良くなった私は、学生時代の玉川上水の下宿から国立市内のマンションに引っ越し、彼女を呼び寄せて一緒に住み、結婚した。ちょうどそのとき、かつて聖フランシスコ修道院にいたフレビアン神父が、六本木にあるフランシスカン・チャペルセンターの館長になっていたので、私と彼女はフレビアン神父を訪ねていった。そして、私の両親がカトリック信者である彼女との結婚を快く思っていないことを話し、私の両親は出席してくれないだろうけれど、それでも結婚式の司式をしていただけるか聞いた。フレビアン神父は事情を察し、快く承諾してくれた。

結婚式の入堂のためのオルガン曲「前奏曲と行進曲」を私は自分で作曲し、作曲科の友人に弾いてもらった。結婚式には、彼女の両親はもちろん来てくれたし、親しい友人たちが祝福してくれたが、残念ながら私の両親はそこにいなかった。

本当は、母だけでも来てほしかったが……。

ただその後、私がカトリックの信者になって、同じカトリック信者と結婚もしてしまったという揺るぎない事実を突きつけられて、父もあきらめざるを得なかったのであろう。あるとき、母をとおして、「お父ちゃんが、親戚一同や仕事仲間を集めて長男の披露宴をやらないと、親として格好がつかないから、披露宴に出席しておくれ」と言ってきた。それで親との絶縁状態は終わった。ここに至るまでに、二年ほどかかった。

結婚式（1979年）

妻になった千春は保育士の資格をもっていたので、立川市の保育園に勤め始めた。私は、相変わらず夜はニューシティー・ホテルでスィング・ハーツという四人組のヴォーカルアンサンブルの伴奏をしていたが、昼間にはスコアの勉強にいそしみ、指揮者山田一雄先生の家に指揮のレッスンに通って、将来の夢をふくらませていた。
しかしながら、こんな生活をしていたら、いつまでたっても指揮者にはなれない。それに私には昔から留学願望があった。特にベートーヴェンを溺愛していた私は、せめて一年でも二年でも、ベートーヴェンと同じ言語を話す国で、とことん指揮の勉強をしてみたかった。

それで、夫婦で相談して、二人の生活費はなるべく妻の保育園の給料でまかなうこと、私のホテルでのギャラは、できるだけ貯金することに決めた。その結果、結構つましい生活になったが、私の生活には将来への希望が生まれ、生活に張り合いが生まれた。

それからしばらくたって、私は妻とともにベルリンの地にいた。友人はみんな、留学には奥さんを置いて一人で行くべきだと忠告したが、私にはその選択肢はなかった。ベルリン芸術大学指揮科の入試に合格し、住まいも決まり、いろいろが落ち着いたある日曜日、二人で近くのカトリック教会に行った。

まだ留学して日も浅く、ドイツ語の理解力もなかった私たちだが、ミサで行われていることがすべて理解できた。考えると当たり前のことである。やっていることは全世界共通なのだ。しかしながら私たちは本当に驚き、涙が出てきたのだ。おそらく初めての外国で、いろいろ慣れてないことだらけで心細かったのだろう。

「ああ、神の宮はここにもある。全世界同じミサをささげて、同じ神につながっているのだ。なんて素晴らしいのだろう。カトリックという言葉には普遍的という意味があるけれど、本当にそうだったんだ！」

本当の和解と卒業

父親とは表面上和解していたが、すでに自活生活をしていた私は、親の世話にはならずに、自分たちが稼いで貯めたお金で留学したことに誇りをもっていた。ただその金額では、どんなにつましい生活をしても二年間が限度であることはわかっていた。そしてそれを主任教授であるラーベンシュタイン教授に告げてもいた。

四期のゼメスター（二年分の授業期のこと）が間もなく終わろうとするある日、指揮科のラーベンシュタイン教授が私を呼び出して言った。

「このまま日本に帰るつもりか？ 惜しいな。通常はここで中間試験を受けて、四年で卒業だけれど、君だったら、あと二期のゼメスター（一年分の授業）の勉強さえ

ベルリンの街で（1981年）

すれば、良い成績で卒業できるのに」

それを聞いて私は迷った。でも、お金がない。いろいろ考えていたとき、たまたま母から電話がきた。

「もうすぐ帰ってくるんかい？」

「うん、そうなんだけど……」

私は、ラーベンシュタイン教授の話を、うっかり母に漏らした。すると、すぐに父から電話が来た。

「お金は出してやる。卒業しろ！」

「でも」

「卒業と中退とでは箔が違うだろう。お前が出て行ったもんだから、お前が自立するまでと貯めていたお金が余っているんだ。遣え！　遣ってくれ！　そうしないと、親として一生後悔することになる」

それから間もなく、私のもとに百万円が送金されてきた。私は、もうそれ以上意地を張っても仕方ないので、そのお金を感謝しつつ受け取った。

それから二ゼメスターがたち、私はチャイコフスキーの交響曲第五番をベルリン交響楽団で指揮をして、一等賞の成績をもらって卒業した。ラーベンシュタイン先生は、私の体を抱きしめ、「よかったなあ！　良い成績で卒業できて、君は私の誇りだ！」と言ってくれた。

大柄な先生の体の中にすっぽりと入りながら、私は、「親父、ありがとう！」と心の中でつぶやいた。

第一章

音楽は生きる歓び、いのちの輝き

音楽とは、かくも不思議なもの

音楽の霊性

音楽は、あらゆる芸術の中で最も霊的なものだと私は思っている。その理由として、まず、〝音〟という、形をもたず、うたかたのように消えていくはかないものを媒体とすることが挙げられる。音楽は、今まさにそこで鳴っている瞬間にしか存在し得ない宿命をもっているのだ。素晴らしい楽曲の各部分は刹那、刹那に過ぎていき、一度止んでしまうと、もうそこには、これまでの美しい瞬間が嘘のように消えて、ただの静寂に戻ってしまう。その音楽を残そうと人々は楽譜というものをつくり出したが、楽譜はただの設計図にすぎない。誰かがそれを演奏しない限り、それが音楽として空間に漂うことはないのである。

そのように音楽は、曖昧でとらえどころのないように思われるが、その反面、ときに聴く者に、生涯決して忘れ得ぬほどの精神的インパクトや、人生を変えてしまうほどの影響力を与える力をもっている。

ベートーヴェンは、有名なミサ・ソレムニスのキリエの冒頭に以下のような言葉を書いた。

Von Herzen — möge es wieder — Zu Herzen gehn
心から出でて〜願わくば再び〜心へと至らんことを

ベートーヴェンは知っていたのだ。音楽というものが、人の心から心へと直接伝わるものであることを。会ったこともない人と、空間や時間を超えて、しかも互いの心の最も深い部分でつながろうとするもの、わかり合おうとするもの、それが音楽なのである。音楽とは、かくも不思議なものなのだ。私は聖書に親しむ生活を送っている間に、いつしか、そのとらえどころのない音楽を〝聖霊《せいれい》〟と重ね合わせて考えることが多くなった。聖霊は、やはり音楽のように形をもたない存在である。

イエス・キリストの死後における、弟子たちの宣教活動の様子を綴った「使徒言行録《しとげんこうろく》」には、聖霊が、その苦難に満ちた彼らの活動の原動力になっていることが至るところに記されている。その際、しばしば「聖霊に満たされ」という表現がなされる。ということは、聖霊というものは、それを受ける人の心に入り、満ちるものなのだ。それを可能にしているのは、聖霊が物質的存在ではなく、純粋なる霊的存在であることによる。

ともに歌うとき、それはまさに「聖霊の交わり」となる

その真実に最も簡単に気づく媒体として、我々人類に音楽が与えられたのではないかと私は思っている。バッハ、モーツァルト、ベートーヴェンなどの音楽を聴いて感動するとき、その崇高さはすでに我々の心に入り、我々を内側から輝かせているのを感じる。このことは、「聖霊に満たされ」ている状態と似ているではないか。

「神は愛である」という言葉も、音楽に携わる私には、求道者の時代から何の抵抗もなく受け入れられた。音楽を聴いたり演奏したりしているときの私は、絶対的な愛に包まれているのを感じるからだ。

その愛は、音楽を奏でる者同士の間でも作用する。愛とは、他者と積極的につながっていこうとするエネルギーであり、音楽ではハーモニー（調和）の中でそれを互いに確かめ合うことができる。たとえ単旋律であったとしても、演奏する人たちはタイミングや音程を合わせようとする。和音となれば、互いに異なる音程を演奏し、それが合ったときには、えもいわれぬ美しさが生まれる。それぞれの奏でる音楽は、ほかに影響を与え、それがさらに自分

に返ってきて、互いを悦ばせ合う。音楽は、他人に寄り添うことなしには成り立たないのである。これこそ愛の法則そのものではないか。

どんな音楽でも、聴いたり演奏したりするだけで心地よさを感じるが、それはすでに肉体的快ではなく、霊的領域での快である。さらに、霊的に高い音楽になるにつれて、その快に、愛や美や善や、そして〝神聖〟という要素が増してくる。

この〝神聖なるもの〟に触れる機会は、日常生活ではあまりない。いや、それどころか、宗教者でさえ、瞑想、深い祈りなどをとおしてしか得られないかもしれない。しかし、音楽は、聴くだけでその聖なる波動を感じ取ることができる。

ミサの始めで司祭は、「主イエス・キリストの恵み、神の愛、聖霊の交わりが皆さんとともに」と言う。この「聖霊の交わり」という言葉は、聖霊というものが、一人ひとりの心に入るだけでなく、複数の人たちの中に同時に入り、しかも人々が共有し、その上でさらに互いに交わるものである、ということだ。私は、聖堂の中で会衆がともに聖歌を歌うとき、それが単に物理的に声を合わせるという行為だけでなく、明らかにそこで霊的なやり取りが行われているのを、肌で感じることがある。それがさらに純化されてくると、まさに「聖霊の交わり」という状態に限りなく近くなってくるのを感じる。物質性の希薄な音楽だからこそ、聖霊と結びつきやすいのかもしれない。

名作曲家は本当に偉大か？

巨匠たちの奇行

私は、新国立劇場合唱団を率いて文化庁主催のスクール・コンサートに出かけることが多いが、日本全国どこの小学校、中学校に行っても、音楽室には必ずと言っていいほど名作曲家の肖像画が並んで壁にかかっているように思う。それだったら、理科室には歴代の科学者の肖像が、そして図書室には文豪たちの肖像画がかかっていてもいいのに、なんで音楽室だけこうなのだろう。

それを見るといつも、自分が小・中学校に通っていたころのことを思い出す。音楽の先生は、それぞれの作曲家たちのことを最大限に賛美していた。羊毛に包まれたような派手なかつらをつけたバッハは「音楽の父」と呼ばれ、モーツァルトは音楽史上最高の天才「神童」と言われていた。そして髪を振り乱してこちらを恐い目でにらむベートーヴェンは「楽聖」さらに丸メガネをかけたシューベルトは「歌曲王」という特別な名前をもっていた。そしてシューマン、ブラームス、ドボルザーク、チャイコフスキー……。巨匠たちは、人格的にも素晴らしい人たちと教えられ、近寄り難い存在であった。

ところが、私が音楽の道を歩み始め、それらの作曲家たちにアプローチしていくうちに、どうも様子がおかしいと思い始めた。

モーツァルトは、映画『アマデウス』などではいささか極端に描かれてはいるが、実際、天真爛漫を通り越して、どちらかというと性格異常者に近い。晩年は、借金に追われ、あんな大作曲家なのに共同墓地に葬られてしまって、いまだに骨のありかさえわからないという。

ベートーヴェンは、音楽家としては致命的な耳が聞こえなくなる病気にかかり、自死まで考えて遺書を書いたが、その後、雄々しく立ち上がり、苦悩を突き抜けて歓喜の音楽を書いた。しかし、その一方で、二十一歳で故郷のボンからウィーンに出てきて、五十六歳で亡くなるまでの約三十五年間に、なんと七十回以上も引っ越しをしている。平均すると半年に一度だ。ウィーンに行ってベートーヴェン・ハウスを探すと、あまりにありすぎて、どの作品を書いた家なのか限定して探さないといけない。

彼は、新しい曲の楽想が湧くと、ラプトゥス（Raptus）と呼ばれる狂喜あるいは忘我の状態に陥り、大声で叫び、足を踏みならして、隣人たちの怒りを買って追い出されるのが常で、ひどいときには引っ越したその日のうちに、大家から「出て行ってくれ！」と言われたこともあったという。

また、彼は結婚こそしなかったが、女性に対してかなり気の多い男だった。テレーゼ・フォン・ブルンシュヴィックをはじめ、「月光ソナタ」をささげたジュリエッタ・グイッチャルディなどたくさんの女性と恋をしており、最近の研究では、従来の「醜男《ぶおとこ》で女性に縁がなかった」という常識は覆され、かなりモテたらしい、ということである。

「タンホイザー」や「パルジファル」など、哲学的にも宗教的にも高い境地の楽劇を生み出したワーグナーの生涯はもっと波瀾万丈である。彼はドレスデン革命に加わった罪でドイツを追放されたが、彼を善意でかくまってくれたスイスのヴェーゼンドンク伯爵の奥さんと深い仲に陥ってしまい、そこから楽劇「トリスタンとイゾルデ」が生まれたといわれている。その後、彼の信奉者である指揮者のハンス・フォン・ビューローの妻であり、フランツ・リストの娘でもあったコジマを、ビューローから横取りして自分の二番目の妻とした。

これらのスキャンダルはほんの一部で、それぞれの名作曲家たちの私生活を暴いてみると、とても褒められたものではない。音楽の世界では天才とか言われていい気になっているかもしれないけれど、もしその辺にいたら、ただの自制心のないゲス男だったりして、決してすべての音楽家が尊敬に値する人物とは言えない。

そうなると、「それでも楽聖なの?」「巨匠なの?」「そんな人間が作った作品なのに、芸術的価値は本当にあるの?」「宗教曲も随分あるけれど、宗教的に見てそれらはどうなの?」「彼らはそれでも天国に行けるというの?」「むしろ地獄に堕ちたほうが自然ではない?」という問いが、皆さんから立て続けに私に向かって放たれそうである。

私は、なにも、彼らを弁護して、「素晴らしい音楽を書いたのだから、その生き様は問わないで大目に見てあげなさい」と言うつもりは毛頭ない。天才だからといって宗教的に治外法権のはずもなく、彼らとて普通の人間同様、不適切な生き方をした報いは当然受けるべきと思っている。

アンバランスであること

しかし、ここで一つだけ弁護したいことがある。音楽家だけでなく芸術家一般に言えることであるが、巨匠が普通の人と決定的に違うのは、彼らの中に、いわゆる通信簿で言うところのオール五の人は一人もいないということである。

私もこの歳になってくると、次代の若者たちの才能を見分け、彼らを世に送り出していくためにオーディションの審査をよくする。そのとき、若手音楽家の演奏を聴いて、「うむ、こいつはモノになる」と思うとき、それは、その若者の奏でる音楽が平均的に優れているからではなく、むしろある個性が飛び抜けて優れていることによる。

その抜きんでた部分がその人をプロにさせるのだ。そして、その個性のレベルが高ければ高いほど、その人は飛ぶ鳥を落とす勢いでプロの道を駆け上がっていくであろう。つまり、欠点のない人がプロになるわけではないのだ。

一方、平均的に優れているオール五の人は「秀才」と呼ばれる人たちであって「天才」ではない。天才の場合は、ある科目は一であるが、ある科目は百だったり千だったりするのだ。その百だったり千だったりするところが、天才を天才たらしめているのである。

天才の武器は独創性である。その独創性はアンバランスであるところから生まれる。ベートーヴェンの「クロイツェル・ソナタ」がなぜ独創的かというと、ソナタ形式の第一楽章の常識である「インテンポで疾走する規則性」を破って、絶えず変わるテンポや突然の休止などで従来にはないドラマチックな音楽をつくりあげたことにある。

シューベルトやシューマン及びショパンのロマン派音楽は、古典派の構築性に背を向けて、個人的な感情の表出に合わせて心のおもむくままに音楽を発展させた。その結果、和声の色彩感がおびただしく豊富なものとなった。

音楽の話ではないが、印象派の画家モネの独創性は、描く対象物をきっちりと描写するという絵画の大原則をあっさり捨て去ったところに始まる。だから従来の画家や批評家は、彼の絵を未完成だといって酷評した。

このように、何か新しいものを得ようとすると、その代償として何かを捨てなければならない。いや、天才とて捨てているつもりはない。ただ彼らの興味が、あるポイントのみにフォーカスされていて、ほかに興味が行き届かないのである。

だが、これが秀才にはできない。秀才のバランス感覚がそれを邪魔するのだ。だから秀才は、良い教師や批評家にはなれるだろうが、歴史に名を残すような存在には決してなれないのだろう。

一方、天才として生きるのも楽ではない。独創性は、彼らの人間的欠点と表裏一体となっているからだ。つまり、何かの感覚が異常に鋭敏な人は、その分だけ、どこかがボーンと抜けている。どこかが飛び出した分だけ、どこかが引っ込んでいる。天才はそれを絶えず批判され続ける。皮肉なことに、神は、どうやら人格や感覚をアンバランスにすることで、この世に天才を送り出したようである。

そんな天才たちがひとたび創作活動に入ると、彼らはインスピレーションによって至高なる存在とつながり、そこから普通の人たちには思いもよらないような独創性な作品を紡ぎ出す。それは本人にとってもめくるめく体験であり、法悦のひとときである。そうした世界に触れている彼らにとって、しだいに、日常生活でのさまざまな決まりや価値観というものが、取るに足りないもののように感じられてくるのは当然の成り行きであろう。日常よりもその世界のほうに、彼らはよりリアリティーを感じてしまうのであるから。

おそらく彼らの人生とは、まず創造行為がメインであり、その合間に、取るに足りない日常生活がある、という発想のもとで営まれているに違いない。

一般社会との齟齬《そご》

ここまでは彼らに対する弁護であるが、そんな非日常に軸足を置く生活を送っているうちに、しばしば彼らは〝勘違い〟をするようになる、ということだ。そのポイントを挙げてみよう。ここでは、私自身も音楽家のはしくれとして、自分の反省や自戒の思いも込めて書いてみた。

一つは、創作においてだけでなく、日常生活においても、自分が特別な人間だと思ってしまう勘違いだ。実際、彼らはその世界では評価される有名人だ。だからときに王さまのような待遇を受けることもある。しかし、その専門分野に関係のない人にとっては、特別でも何でもない。当然のこととして、一市民として、自分の行動に責任をもたなければならない。

その一方で、彼らの世界には妬《ねた》みや嫉妬がとても多い。コンクールなどで一夜のうちにシンデレラ・ボーイになったりすると、コツコツ地位を築いてきた先輩たちにとっては面白くない。しかし、完全に実力の世界でもあるから、キャリアを重ね歳を取ったからといっても、努力を怠っていると簡単に若者に先を越される。人々の視線にさらされる職業だけにライバルや敵が少なくないのだ。シビアな批評やいじめ、妨害に耐える強いマインドが求められる。だから、この世界で生き続けていくのは端で見ているほど楽ではない。そこに出てくるさらにやっかいな存在が〝崇拝者〟だ。

厳しい競争社会に生きている彼らにとっては、崇拝者の称賛は甘い誘惑である。しかし気をつけていないと、それがしばしば本人にとって命取りとなる。女性の崇拝者は特に従順なことが多く、その中に自分の好みの女性がいたりした場合、すでに自分を崇拝してくれているので口説く手間が省ける。皆さんの記憶にあるかもしれないが、あの指揮者が、あの世界的テノール歌手が……、と驚くほど著名なお歴々でも、安易に複数の女性と関係をもってしまうこともある。でも、調子づいていると、必ずしっぺ返しをくらい、痛い目に遭う。

そして、崇拝者の抱く崇拝は、しばしば独りよがりで崇拝対象を客観的に評価しているとは限らない。だから勝手に幻滅したり、いつの間にか別の人を崇拝していたりもする。そこで「なんだ、誰でもいいんか？」とガッカリしてはいけない。本来、崇拝者が誰を崇拝しようとその人の勝手なのである。だから私は言う。崇拝者に心をゆるしてはならない。むしろ、自分を成長させてくれるのは、自分にとって面白くないシビアな意見である。

非日常の中にリアリティーを

また、「規則や常識に従うのは芸術を窒息させる」と考えたり、そこから派生して「やりたいことだけをやりたい」と短絡的に思う傾向にも、自分を見失う危険がある。最高の作品ができる瞬間は、作者本人でさえも信じられないような陶酔状態が訪れる。その歓びを知ってしまうと、非日常に浸り、リアルな生活からますます乖離し、しばしば奇抜な行動を取ることさえある。

ショパンや若き日のリストなど、ロマン派作曲家たちの華麗な女性遍歴もそこからくると思われるが、借金などが導く生活破綻も、現実を見つめることを怠り、問題を先送りする結果として回ってくるツケである。

モーツァルトの借金はまだ可愛いほうだ。ワーグナーなどは、たまたまルートヴィヒ二世が借金を肩代わりしてくれたからよかったものの、それがなかったらそのへんで野垂れ死にしていたのではないか。構想から何十年もかけてつくりあげた四夜にわたる壮大な楽劇「ニーベルングの指環」を上演するために、またまた借金して祝祭劇場を建てた。バイロイト音楽祭で初演したが大赤字。それでも懲りずに、自宅に高価な家具を購入したり、ヴェネツィアに渡って次作の舞台神聖祝典劇「パルジファル」を創作している。ここまでいくと、この人の金銭感覚は、常人の域をはるかに超えている。

こうやって列挙していると、書いている私でさえも、だんだん腹が立ってきて、「芸術家ってなんて鼻もちならない、プライドばかり高くて、派手でふしだらで生活能力のないクズのような人間なのだろうか！」と思ってしまう。

しかし……しかしですよ。彼らには確かに愚かなところがたくさんあるが、その一方で、一度自分の芸術に向かったときには、紛れもなく、それにいのちを賭けて取り組んでいる毎日があり、人知れず努力を続けている生活があるのだ。この点で芸術家は、毎日のストイックなトレーニングを欠かさないアスリートと似ている。やはり毎日その芸術に向き合っていないと、そもそもインスピレーションもやってこなければ発想も鈍ってきて、その人の芸術性は枯渇してしまうのだ。それに、これもアスリートと同じで、どんなに偉そうなことを言っても、やってみれば一目瞭然という世界に生きている。結果を出さなければ、ただの人以下になってしまうことをはっきり自覚していない芸術家は一人もいないだろう。

こうしたことを日々突きつけられて生きている芸術家は、それだけで一般の人とは違うと思う。実際、いろんな作曲家の伝記などを読んでみると、毎日午前中にこれだけ書こうと決めているなど、案外みんな規則的な生活をしているのだ。

芸術家の最後の審判はいかに？

さて、そうした世の常識に疎く、アンバランスな人格をもち、一般の人たちから逸脱している芸術家たちが人生を終わって神の裁きの前に立ったとき、どんなことが起きるのだろうか？

私は思う。至高なる存在につながって聖霊の息吹を得て、美しい作品を生み出し、この世が物質だけでなく深い精神的世界とつながっていることを世に証明した功績は、いずれにしてもとても大きい。だから最後の審判のときにも、それだけで高得点を叩き出すはずだ。

その一方で、あまりに放縦な生活をし、借金をして人に迷惑をかけたり、恋愛遍歴も豊富で、たくさんの女性、そして男性をも傷つけた罰は、一般の人をはるかに超えたマイナス点となるだろう。

これらの「功と罪の振幅」は、常人とは比べものにならないほど大きい。野球で言えば、二対一で勝ったとかいうのではなく、二十三対二十二で負けたといった勝負かもしれないし、フィギュア・スケートで言えば、誰にもできない凄い技は成功したが、何度も転倒したため、点がつけられないというレベルの裁きになる。これにはきっと、神もお困りになることだろう。

ただ、作品には罪はない。それらの人たちが残してくれた作品は、現在まで残っていて、多くの人たちの心を癒し、慰め、生きる意欲を与え、明日への希望を沸き立たせてくれる。巨匠の傑作には、どれも上等のワインのような、なんともいえない〝漂う香り〟があって、ときに天上の息吹が真っ直ぐに自分の精神にも肉体にも働きかけるような気がする。やはり、作品に表現された世界は、ただ偉大であると言うほかはない。

私は、バッハを専門に演奏する東京バロック・スコラーズという団体を率いているが、風邪を引いたり体調が悪いときにも（これはほとんどバッハだけに限定して起こる現象であるが）バッハの音符の一つひとつが自分の細胞に作用を及ぼして、練習が終わるころには、すっかり元気になってしまう、というようなことが何度も起きる。

また、ベートーヴェンの音楽を聴いたあとは、本当に生気と勇気をもらい、頑張って元気に生きていこうというポジティブな気持ちになる。モーツァルトの音楽に触れるとき、これこそ美そのものだと思うと同時に、彼の音楽の中には、偉大さというよりも、可愛らしい子どもっぽさを感じ、無邪気な遊びの精神を感じる。そんなときは、いつも聖書のこんな言葉を思い出す。

子供たちをわたしのところに来させなさい。妨げてはならない。神の国はこのような者たちのものである。はっきり言っておく。子供のように神の国を受け入れる人でなければ、決してそこに入ることはできない。（ルカ18・16〜17）

ブラームスの「ドイツ・レクィエム」は、彼が敬愛していたシューマンが亡くなり、あとに残された妻クララとその家族のことを思って書かれたといわれる〝究極的な癒しの音楽〟である。そこにブラームスのやさしさがつまっていて、深く胸を打つ。

その冒頭の歌詞は、イエスがおこなった「ガリラヤの山上の説教」から取られている。

悲しむ人々はさいわいである、その人たちは慰められる。（マタイ5・4）

イタリアオペラの巨匠ヴェルディの作品には、触れれば血がしたたるような生身の人間のさまざまな感情が描かれている。同時にその音楽の中には常に彼の宗教心が感じられる。しかしながら、ワーグナーの音楽は、宗教心というよりもスピリチュアルな要素に満ちていて、彼が自身で書いたその物語の中では、しばしば奇跡が起き、その瞬間の音楽の崇高さには、ほかに追従をゆるさないものがある。

彼ら本人たちの魂が、死後天国に行ったのか地獄に堕ちたのか知らない。けれども、作品を見る限り、それらは明らかに崇高なる世界からやってきたものであり、彼ら巨匠たちがそれらの作品を生み出した瞬間には、まぎれもなくその世界とつながっていたと思う。その意味では、やはり彼らは偉大なる作曲家と呼ばれるにふさわしい存在だと、私は確信している。

音楽とインスピレーション

人事を尽くして～神ってる？

私の親友の角皆優人《つのかいまさひと》君は、プロスキーヤーで、長野冬季オリンピックのときに里谷多英《さとやたえ》などを指導したこともある我が国のフリースタイルスキーの草分け的存在であるが、彼がモーグルなどの大会で、まさに今の言葉でいうところの〝神ってる〟（本来は「神がかっている」という意味だが、最近の若者は広義に受けとめ、「神がかり的にもの凄い」と解釈することもある）状態になったときに、よく音が消える体験をしていたという。

私も時々、演奏会の本番で起こることがある。特にバッハの音楽を暗譜で指揮したとき、自分にゆっくりと明るい光が降りてきて、やがて私をすっぽり包み込む。すると、私の心は至福の喜びに満たされる。しだいに私自身が透明になっていき、自分自身からも光を発し始める。この状態になると、次に起こるのはとても不思議なことだ。私の周りから音がすべて消えるのである。言葉で書いてしまうと、これは矛盾以外のなにものでもない。演奏会だから、音楽は鳴っているのに決まっているのだから。

いや、それだけではなく、私はその音楽を指揮しているのだ。今どのようにオーケストラや合唱が演奏していて、次にどのような指示を自分が出さなければいけないか、聴きながら判断しなければならない。しかし、そのアクティブな自分と二重写しになっているもっと別次元の自分がいるのだ。言ってみれば、実際の音楽を指揮している肉体としての自分と、その肉体を操っている意識としての自分と、さらにそれを上から俯瞰《ふかん》している自分だ。でも、それは三人ではなくて同じ自分であり、みんなつながっているのだ。

音がなくなる体験というのは、テレビ・ドラマなどでも時々見る。スローモーションで無音の中を疾走していて、ゴールになだれ込んだ瞬間に、突然音が戻ってくるという状態。このスローモーションというのも本当に起こる現象だ。といっても、スローモーションほど遅くはないが、精神が覚醒して五感が全開状態になっているため、一秒がとても長く感じられ、空間が濃密になるのだ。角皆君は言う。

「自分がこれから滑るであろうコースが、まるで自分の前にレールが敷かれているようにはっきりとわかり、その一挙一動において、自分がどの体勢でどのように重心を動かしていけばいいか把握している。だから体が自ずと動いていく。すべてがゆっくりに感じられ、落ち着いてひとつひとつの難関を冷静に処理している自分がそこにいる」

私の場合も同じである。私の場合は、別次元の自分がまだ演奏していない部分も含めて全体を俯瞰していて、このコンサートそのものがどういうふうに展開していくかを、時空を超えて把握しているような気がするのだ。面白いのは、そんなときに何かがズレ始めると、このままいけば三小節後に、ある奏者が出トチることまでわかってくる。それを防ごうと、奏者にしっかり視線を向けて注意を促し、奏者が気づいて救えるケースもなかったわけではない。しかしながら、たいていはどんなに努力してもだめなことが多い。このあたりに、「預言によって未来は変えられるか否か？」という疑問を解く鍵があるようにも思う。

それは、人の念の流れにも関係することで、たとえばある十字路に向かって九十度の方向から二台の車が走ってきて、その一台が信号を無視しようとする。それを上空から俯瞰していたら、このままいったら衝突するとわかるだろう。インスピレーションを送ろうとするが通じないまま、未来は心配したとおりになる。しかし、もしかして信号無視をするはずの運転手が思い直す可能性もゼロではない。すると未来は変えられるのだ。預言者とは、それを変えようとする人なのだろう。

こうした感覚を「神ってる」ということがある。この感覚を立教大学文学部名誉教授であり宗教学者の佐藤研《さとうみがく》氏に話したところ、佐藤氏は「それはまさに禅で言うところの〝三昧《ざんまい》に入る〟という境地です」と言った。彼は聖書学の権威であり、カトリック信者でありながら、三宝《さんぼう》教団の禅指導者でもある。

「そうか、禅の世界では、むしろそれは特別なことではないんだな」と、私は納得したのであった。

実質的な訓練とインスピレーションとの境界線

私は別に、超能力者でも霊能者でもない。指揮者としてスコアを読むことに精通するまでは、実質的な訓練をコツコツと積み重ねた。和声学を学んでいるときには、ピアノとかの音の出る媒体を使わずに、ただ紙の上で和声進行に従って課題を仕上げ、それから初めてピアノで弾いてみることを繰り返し、目に見える楽譜と実際に鳴り響く音との因果関係を徹底的に訓練する。そのうち、楽譜を見ただけで、「きっとこういう雰囲気の音楽になるのだろう」とイメージが湧くようになる。これは、指揮者なら誰でも進む過程である。

オーケストレーション（管弦楽法）の訓練も、スコアを眺めながらＣＤなどを聴く。私は学生時代、よくベートーヴェンの交響曲の総譜を手で書き写した。

「ああ、こういうふうに音を重ねるから、こんな音が出るのか！」、という過程を積み重ねていく間に、作曲家のほとばしり出るような思いが、スコアから感じられるようになってきた。ここまでは、とっても現実的な作業である。

ところが、ここまで楽譜に精通してくると、時々、自分が現実とそうでない世界の境界線に立っているのを感じるときがある。そんなときは、スコアを読んでいて、心の中で（そのときは「頭の中」ではない！）実際の音楽よりもずっと純粋に音が響き渡ると同時に、自分が奏でたい音楽が、自分の欲するテンポやダイナミックで鮮やかなイメージとして浮かび上がる。

それが単なる独りよがりの解釈のときもある。それを私は、偽物のインスピレーションと呼んでいる。今では、その正邪を見分ける方法を知っている。喜びである。ある至福の感覚、光の感覚を伴ったら、それは至高なる存在からのもの。そうでなかったら、単なる自己満足、と思う。

ところで、私がよく暗譜して指揮するのは、暗譜するためにはその曲ととことん付き合わなければならないからである。スコアを見ながら指揮をするだけなら、実際に一つひとつの音符を演奏する器楽奏者よりもずっと簡単だ。どんなにたくさん音があっても、四拍子の曲は四つに振っていればいいのだから。今だったら初見で演奏会を振ってみろと言われてもできないことはない。

しかし暗譜するとなると楽ではない。たとえば、演奏会の一カ月前に集中的にスコアを読み込み、一度寝かせる。それからまたスコアとにらめっこして暗譜を試みる。暗譜が軌道に乗る前に、一度陥るのは、「もう嫌だ、こんな曲、大っ嫌い！ 二度と聞きたくない！」と思う瞬間。だって、ずっとずっとその音楽にばかり向かい合っているのだから。ただ、その状態を通り過ぎると、今度は、息を吐くとその音楽が自分から出て、息を吸うとその音楽が体内に満ちる……すなわち、自分がその音楽と一体化する。

ここに至ると、ある種いいようのない至福感に満たされる。でも演奏会前のその時期は気をつけないといけない。新国立劇場の仕事が終わって電車に乗ると、頭の中で音楽が流れ始める。それに夢中になってしまい、気がついたら降りるべき駅をとっくに過ぎて、あわてて帰ってきた、などということがしょっちゅう起きるのだ。

演奏会が終わるともっと始末が悪い。音楽が頭から抜けていかないのだ。オーディオ機器だったら、スイッチを切りさえすれば音楽は止まる。しかし、頭の中の音楽は一度鳴り出したら、どうやったって止まらない。当然といえば当然だ。昨日までは、最後の一音まで頭の中で響かせるべく勉強していたのだから、いきなり今日から出て行ってといっても、そうはいかない。

さて、こうした状態になるまでに、とことんその音楽と向かい合うと、本番で冒頭に述べたような体験をすることが頻繁に起きるようになる。

「人事を尽くして天命を待つ」、という言葉があるが、その言葉を最初に言った人は、人事も尽くしただろうけれど、天命が訪れた体験もしたのではないか、と思う今日このごろである。

よい音楽をつくるために　～協奏曲という協同作業

クラシック音楽には、それを表現するためのテクニックの習得が必要とされる。それは点数で表すこともできるため、競争原理に組み込まれたコンクールというものが存在し得る。コンクールの功罪についてはいろいろ語られているが、少なくともプロへの登龍門という意味を否定する人はいない。私が常任指揮者をしている名古屋のモーツァルト２００合唱団は、現在、刈谷国際音楽コンクールと提携していて、刈谷市総合文化センター大ホールで演奏する定期演奏会において、受賞者との協奏曲をプログラムにはさんでいる。

二〇一八年　勝つための音楽から表現者へ

二〇一八年はブラームスのヴァイオリン協奏曲。ソリストの牧野葵さんは、当時、愛知県立芸術大学大学院に在籍中。

ピアノ伴奏合わせの稽古をして、とても上手だがこれは勝つための音楽だ、と感じた。牧野さんのテクニックは確実で、コンクールで強者《つわもの》どもをかき分けてきただけのことはある。アスリートであれば、勝てればそれでいい。しかし彼女の音楽は、まだブラームスを表現するための入り口にも立っていなかった。そこで私は決心した。彼女に私のブラームス観をできるだけ吹き込んでみようと。

まず私は、彼女の演奏の中の〝テクニック誇示〟を徹底的に排除した。つまりコンクール的アプローチの真逆をいく。彼女の演奏はソツがないという点では、文句のつけようがない。しかし、それは、他の人と取り替え可能な、個性のない演奏という意味でもある。それでは演奏者として存在しないのと一緒だ。彼女の心から出てくる彼女だけのかけがえのない演奏がほしいのだ。

ブラームスのロマンチシズムに溢れる個所をさらりと弾いてしまうので止めた。

「感性を解き放って！ ブラームスはね、もっと耽美的なんだ。それを構成美の中に押し込めようとするんだけど、思いが止めどなく出てくるんだ」

耽美的という言葉を二十三歳の彼女がどこまで理解できるかとは思ったが、それでも彼女は必死で食らいついてきた。当初は、一回のピアノ伴奏の合わせだけで、オーケストラ合わせに進もうかと思っていたが、もう一度ピアノ合わせを設定した。

そこに一つの奇跡が生まれた

次の合わせのとき、彼女は驚くほど成長していた。先日言ったことが彼女なりに消化されて自分のものとなっている。しかも、言われたとおりだけではない。私も面白くなってきた。またサジェスチョンを出す。彼女が応える。夢中になって時間がたつのも忘れた。

その後二回のオーケストラ合わせを経て演奏会当日、牧野さんは見事な変貌を遂げていた。それはもうコンクール受賞者の演奏ではなかった。さらに不思議なことが起こっていた。彼女の弾くブラームスは、若い女の子が一生懸命背伸びして四十五歳の作曲家のロマンチシズムに近づこうというふうには見えなかったのだ。これは一つの奇跡だ。

本番中、私の指揮のもとで表現の翼をのびのびと伸ばして飛翔していく彼女を見るのは眩しかった。彼女は時々私が教えてもいない表現をする。それがとても新鮮で、私は喜んで伴奏をつけていく。六十三年生きてきた私の感性をとおして、彼女はブラームスの憧憬、歓び、苦悩、挫折、諦念に触れたが、それを自らの感性と融合させ再創造していた。そこには、二十代のヴァイオリニストの表現するブラームスでも、六十代の指揮者のそれでもない、二人で築き上げた一期一会のブラームスがあった。

音楽は戦うものじゃない。コンクールの勝利者は、こうして戦う武器を捨てて一人のかけがえのない表現者となった。

二〇一九年　超絶技巧の曲には落とし穴がある

二〇一九年の協奏曲の共演者はピアノの大竹かな子さん。曲目はラフマニノフ作曲ピアノ協奏曲第三番という超絶技巧の難曲中の難曲。彼女は愛知県立芸術大学大学院博士課程在籍中だった。

プロのソリストがオーケストラの定期演奏会で協奏曲をやる場合、演奏会の一日前か二日前に一回（多くても二回）のオケ合わせをして、それからゲネプロ（リハーサル）及び本番、というのが一般的である。それが慣例だから仕方ないのであるが、このスケジュールでは、たいてい独奏者が一人で突っ走って、指揮者やオーケストラが必死でついていって終わってしまうのがほとんどだ。本当はピアニストとオケだって一緒にアンサンブルをして、共同で一つの楽曲を仕上げていくべきなのに。その点で、今回は、オーケストラも名古屋ムジークフェライン管弦楽団というアマチュアなので、十分に時間を取ることができ、昨年とはまた違った意味で、オケと一緒に一からつくりあげていく喜びを得ることができた。

私が、愛知県立芸術大学に出向いていって、大竹さんと伴奏ピアニストの三人で初めて合わせをしたのが七月二十三日。その時点で彼女は、テクニック的にほとんど完成の域にあった。しかし、いくつかの音楽的なサジェスチョンを宿題として与えた。

八月三十一日、オーケストラとの初めての合わせ。たっぷり三時間とり、細部まで掘り下げてオケとピアノを合わせた。大竹さんのピアノは、弾き込んできている分だけ表情もつき、より音楽的になってきた。しかし、ところどころ独りよがりで、リタルダンドをしても最後の瞬間に中途半端にテンポを戻してしまう。するとオーケストラは置いていかれてしまうのだ。かと思えば、突然予期せぬテンポ・ルバートをかけるので、指揮している私もオケも、急ブレーキをかけきれなくて、あっちこっち衝突事故を起こしている。と思ったら、またまた急発進。ま、これはこれで、ゲーム感覚で楽しい。

その責任の一端はむしろ私のほうにある。なぜならば、合わせが始まる直前に、「とにかく萎縮しないで、まずはズレてもいいから、あなたのやりたいようにやってみて。直すのはあとからいくらでもできるから」と、私は彼女に言っていたのだ。そう。この日はズレてもいいと私は思っていた。とにかく、彼女が何をやりたいかを知り、それから、オケとの折り合いを考えていけばいいのだ。そこで、オケ合わせ終了後に彼女一人を残して、私は一時間以上レッスンをした。「こうしなさい」とか、「こうしてはいけない」ではなく、「こうしたいなら、こういうアプローチをすれば、指揮者やオケにわかってもらえる」と。

協奏曲に慣れたプロのピアニストは、テンポの変わり目や、表情の変わり目で、必ず、指揮者やオケにわかるような弾き方をする。それは、ある音をちょっとだけ強調するとか、場合によってはある仕草をするだけとか、だいたいほんの些細なことなのだ。だが、些細なこととはいえ、これができるのとできないのとでは、大違いなのだ。その曲を弾ける、という出発点から、協奏曲のソリストはなんてたくさんのことを学ばなければならないのだろう。

さて、レッスンの甲斐あって、次の日の午前中の合わせでは、見違えるようにオケとピアノが合ってきた。通常のレベルだったらもうこれでゲネプロ&本番となるのだろう。だが、本当の音楽の旨味に触れていくのはここからなのだ。オケも、「伴奏する」という消極的な役割だけではなく、もっと自発的な音楽をつくるために、もう一山越えないといけない。

帰りの新幹線の中から、私は彼女にメールを送った。

「ピアノを鳴らし切ること。ゆっくりなところで体重を乗せて深みのある低音を鳴らし、その上に和声を構築すること。ブロックのように音を積み上げるラフマニノフのピアノ音楽の作り方に惑わされず、メロディーの横の流れを感じながら長いフレーズをつないでいくこと。持続性がなく減衰するしかないピアノという楽器で表情をつくるために、アゴーギク（テンポを揺らすこと）だけでなく、音色の変化も使うこと」

ピアニストは、ともすればピアノという楽器の能力を信じすぎるのだろう。しかし、ピアノほど音が持続しないために歌えない楽器はない。そして、その悲しさを胸に秘めているピアニストのみが、ピアニストであることを超えて真の芸術家になれるのかもしれない。

みんなでつくりあげたラフマニノフ

次のオケ合わせは九月八日、大型の台風が名古屋に向かっていた。その日、彼女のピアノに劇的な変化が見られるようになった。彼女自身は、今日のリハーサル室のピアノの鍵盤が重くて、調子が出ないと言う。しかし、先週よりずっとピアノが鳴って、音楽的にもしっかりしてきていた。彼女は、先週の私の忠告をきちんと受けとめていたのだ。ラフマニノフのピアニズムを生かしながらも、横のラインがつながってきた。それでも彼女の細かいテンポの揺れにはまだ独りよがりのところがあるので、これをオケのメンバーも把握できるように、何度も何度も練習した。

「一度譜面とおりにインテンポで弾いてみて。無味乾燥でいいから。ほら、ここのリズムがゆがんでいる。あなたはね、ブレーキを踏みながらアクセル踏んでいるんだ」

そしてオーケストラにも、インテンポで弾いてもらう。すると、まるで今まで難しかったのが嘘みたいにオケとピアノが合う。このプロセスを経ることによって、アゴーギクをつけても独りよがりの音楽にはならないし、オケもピアニストがどこをどう揺らしているのかわかるので、落ち着いて伴奏できるようになった。

そして、「ラストをもっと速く弾きたい」という彼女に対して、「だめだめ。私はこれ以上速くは演奏しない」と答えた。テクニックのある人は、それを誇示したくなるのが人情だ。でも、実力は滲み出てくるもので、あざとさは禁物。最優先すべきは音楽なのだ。この曲をサーカスの曲芸で終わらせてはいけない。ラフマニノフがどうしてここを八分音符以上で書かなかったかというと、重量感のある音でがっしり弾いてほしかったからではないか。自己ベスト更新！　これまでで最速！　という世界ではない。

台風はいよいよ近づいてくる。東京に帰る新幹線が心配だった私は、予定時間より一時間早く練習を終了し、控え室で急いで帰り支度をしていた。すると、第二楽章の途中の、ピアノと弦楽器が一体となってクライマックスをつくり出していく音楽が聞こえてきた。

びっくりして練習室を覗くと、コンサート・マスターが自主的に弦楽器奏者を残し、大竹さんに頼んで、ピアノのニュアンスに合わせようと弦分奏をしていたのだ。彼女に弾きたいように弾かせて、細部に至るまで何度も何度も彼女に寄り添おうとする真摯な姿勢！「ああ、これがアマチュアオケの素晴らしいところだ！」と胸が熱くなった。

迎えた演奏会当日の早朝、名古屋駅から中村公園の大鳥居まで散歩をしながら気がつくと私は、大竹さんのために祈っていた。

「大竹さんとここまで一緒に築き上げました。彼女が一生懸命努力したものが、十分に発揮できますように。自由にのびのびと自分のもてるものを出し切ることができますように。そのためのお手伝いをできますように！」

すると、自分の胸の中に、なんともいえない暖かいものが広がった。その瞬間、私はこの祈りが必ずかなうことを確信した。

刈谷市総合文化センター大ホールで行われた演奏会本番、聴衆のアンケートにはソリストの大竹かな子さんが素晴らしかった、という意見は当然すべての人が書いていた。さらに、「こんなにピアノ独奏とオケが一体となったこの協奏曲は聴いたことがない」「この曲そのものを初めて味わった」という意見が少なくなかったのも嬉しかった。

こういう協奏曲が演奏できるならば、最もしあわせな形だ。それをとおして私は、「究極の自己実現」というのが、「自分を無にして人のために尽くすこと」によって実現する、という真実を再確認できた。みんなでつくりあげたという充実感は、何倍にもなって我々演奏者自身に返ってくる。だから協奏曲とは「協力しながら演奏する曲」であって「競争しながら演奏する」競奏曲じゃないんだね。

最も楽しんだ者が

ゼロから無限大への挑戦

「音楽ってね、端で見ているほど楽じゃないんだよ。毎日毎日、何時間も練習しなければならないし、それで演奏会になるとドキドキしてね。もう逃げ出してしまいたいほどなんだよ。それでね、一生懸命演奏しても完璧にはほど遠いし、終わったら反省することばかりだし、おまけに批評家ときたら、そんな演奏をこきおろすんだよ。それでも、前に突き進んでいかなければならないんだ。やれやれ……」

もしそういう音楽家がいたら、私は即座にこう言うだろう。

「悪いことは言わない。すぐ音楽はやめて、別の職業を探しなさい」

そんなこと思いながらやっている音楽家の演奏が面白いわけがない。仮にその人が完璧に弾いたとしても、それが何なのだ？　でも、そういう人ってプロでも少なくないのだ。

練習はもちろん楽ではない。でも、その中に楽しさは見つけられないのだろうか。もし、五時間、六時間の練習が苦しみだけだったとしたら、それが毎日続いて、プロになっても一生続くとしたら、まさにそれこそが地獄の人生だ。さらにもっと悪いことに、その地獄の人生がその人の中で自己完結してくれれば他人に迷惑がかからないが、そういう音楽家が人前で演奏することによって、その地獄の波動をあたりにまき散らすとすればただごとではない。人に教えて口癖のように、「つらい練習を我慢し、忍耐を尽くした者のみがプロになれるのだ」と根性論を説き、「音楽とはかくも大変なんだ。みんな苦しむがいい」と弟子を意味のない苦難の道に引きずりこむとしたら、それは小さからぬ罪であり、芸術への冒涜であるとすら思えるのだ。

私は音楽をこう捉えている。譜面を読めない状態から、間違えずにきちんと弾けるまでの道のりは、マイナスからゼロまでの道。これは確かに楽ではない。しかし、どこまでいっても人間に完璧な演奏なんてないのだ。ピアニストが超絶技巧の楽曲をミスタッチ（正しい音をはずすこと）なしで弾いたと聴衆が思っても、本人にしてみればちょっと音が潜る個所があったり、もっと打鍵を踏み込みたかったな、と思ったり、細かいところでの後悔はいろいろ残る。

一番大切なことは、完璧な演奏にばかりに目がいってしまうと、これはこれできりがなくて、音楽家が本当にやらなければならないことに取りかかることができないということだ。すなわちゼロ以上になることが不可能だということだ。

では、音楽家が本当にやらなければならないこととは何か？　実は、そこからがゼロから無限大までの道であり、音楽の旨味の部分、すなわち創造的な音楽への始まりである。

これから皆さんに音楽の奥義を教えよう。それは、「最も楽しんだ者が最も素晴らしい演奏をする」という事実である。

クラシック音楽の原則

話はちょっと逸れるが、作曲家を目指すものが必ず学ぶ科目として和声学がある。和声学とは大譜表にソプラノ、アルト、テノール、バスという四つの声部があり、たとえばバス課題だとすでに書かれたバス声部の上に、残った三つの声部を書き込んで完成させるものだ。その際、和声の進行には一定の決まりがあり、それとともに少なからず禁則がある。

初心者は、禁則に悩まされてがんじがらめになる気がするが、和声学にだんだん精通してくると、なぜ禁則がいけないかがわかってくる。全体を俯瞰してみると、「あ、どこかに禁則があるな」と気づく。なぜなら、禁則のあるあたりの進行は不自然で美しくないのだ。これこそが、禁則がある本当の理由なのだ。また、和声学の最終目的は、禁則を犯さずに正しい譜面に仕上げることではない。むしろ、ここからが始まりであって、その課題の上に、どのように美しく魅力的なメロディーと和声で彩られた楽曲を創作するかが問われるのである。

私は、指揮者になることを決心したときに、我が国の和声学の大家である島岡《しまおか》譲《ゆずる》先生の門を叩いた。島岡先生はとてもピアノの上手な人で、私の作った課題を（もちろん初見で）惚れ惚れするほど音楽的に弾いた後、「間違いが三つあります」と涼しい顔で言った。

そんなふうに最初は禁則ばかり犯していたが、そのうち、「君の作る曲はメロディーがきれいだなあ。それに、選ぶ和音も魅力的だ」と言ってくださるようになった。私はいつしか、島岡先生がピアノで音楽的に弾いたときに、より魅力的に響き渡ることを想像して、それを楽しみにしながら曲を書くようになっていたのだ。それは、学問である和声学を超えて、創造の世界に入っていたということだ。すると、禁則は、犯したくも犯せなくなっていた。

作曲科の学生たちの多くは、和声学を規則ずくめで退屈だと言っていたが、そういうふうにアプローチすることで、私は和声学が大好きになった。

演奏も同じだ。禁則のようなものは演奏にはないが、楽譜どおりに弾かないといけないという制約はクラシック音楽では絶対だ。しかし逆に言えば、楽譜どおりに弾いてさえいれば、あとは何をしてもいいということで、よい演奏をするためには自由がないといけない。譜面どおりならば勝手に弾いても誰にとがめられることもない。でも結果的に人に感動を与えられる演奏とそうでない演奏という違いはある。その決め手とは一体何だろう?

喜びに満ちて奏でる音が喜びを生み出す

指揮者の私が楽譜に向かうとき、まずすることは、作曲家がなぜこの音楽を書いたのだろうというモチベーションを探ること。抽象論ではなく、なるべく具体的に。一つひとつの旋律や和音の移り変わりから生まれる色彩感を味わい、「ここは美しいな」とか、「ここは素敵だ」というところを探す。すると、作曲家が、「わかってくれるかい。いいだろう!」と答えてくれるような気がするのだ。その個所を増やしていく。そして、曲に同化し、作曲者の想いに近づいていく努力をする。

また、いいなと思った個所を極端に強調して演奏したりしてみる。やりすぎるとシラけるけれど、そんなときはまた普通に戻ればいい。要するにいろんなアプローチをして、この譜面から何ができるかを研究しながら、作品ととことん戯れるのだ。それらをとおして、今、自分がかかわっている曲の旨味を最大限に引き出すのである。

それはなんて楽しい作業だろう。そして、こうやっていれば、いくらでも、何時間でも時を忘れて練習していられる。良い表現を見つけ出したときには有頂天になる。自分はもしかしたら天才なのか？　とすら思ってしまう。そのどこがいけない？

ただ、表現したいことがありながら、もし、「あそこがうまく弾けない」という不安があったりしたら残念だ。演奏会の本番においての自由の獲得というのは、テクニック的な不安が少しでもあると難しい。だから練習するのだ。技巧の不安から解き放たれたときの自由の喜びさえ知っていれば、指の練習そのものは退屈でも、その先に待っている世界をワクワクしながら近づけようとするわけである。

本番に緊張はつきものだ。本番でその人のもっている最良のテクニックが常に出るとは限らない。その人の生涯におけるベスト・パフォーマンスというのは、むしろ、長い練習期間のある日のある瞬間ということもある。しかし、練習を積み重ねることによって、その曲と過ごす時間が蓄積され、生活となり、人生の一部となり、その間に、最低でもこれ以上は絶対に崩れない、という自信が生まれるのだ。その自信を獲得できたならしめたもの。それに、その練習の日々は、一種の行《ぎょう》のようになり、もはや演奏会のためというのを離れてくる。人は、目的を忘れるほど何かに打ち込むと、その瞬間その瞬間が瞑想のようになり、祈りのようになる。

さらに、自分の能力の限界を広げていく歓びに満ちているので、練習し終わって、「今日はここまでできた」と思うとき、努力した自分が妙に愛おしくなり、この誰も知らない「凛とした自分だけの時間」が、かけがえのないものとなる。

私が首席合唱指揮者を務める新国立劇場合唱団が、現代最高のオーケストラであるベルリン・フィルハーモニー管弦楽団と、ベートーヴェンの第九交響曲で共演したときのこと。指揮者のサイモン・ラトルは、とっても気さくな人で、合唱練習のときに合唱団に、「これはね、歓喜の歌なんだよ。もっともっと心から楽しんで歌って、体もどんどん動かしなさい。踊り出してもいいよ。とにかく全身で歓びを表現しなさい」と言った。団員たちの顔は自然にほころび、声にも明るさが出てきた。本当に素晴らしい音楽家って、こんなふうに自然体でリラックスしている人が多い。

そして演奏会。ラトルの棒は冴え、流れの自然な素晴らしいベートーヴェンだったけれど、演奏中特に私の目を引いたのは、主席フルート奏者のエマニュエル・パユであった。

彼は、木管楽器のアンサンブルの個所になると、必ず後ろを向いて、「さあ、行くよ！」という感じで、体を大きく動かしながら、オーボエ、クラリネット、ファゴット奏者たちを束ねる。その直後に木管楽器群から出てきた、あの愉悦に満ちたサウンドは忘れられない。パユから発するオーラも凄ければ、それに応える木管楽器奏者たちもタダ者ではないと思った。その瞬間のラトルの顔は、後ろを向いていたので見えなかったが、おそらく彼も微笑んでいたに違いない。

世界最高のオーケストラが、最高のレベルでめっちゃエンジョイしている。その姿を見ながら私は確信した。普通の常識だと、演奏中に管楽器奏者が後ろを向くなど言語道断であるが、素晴らしい演奏にはタブーはない。

一番素晴らしい演奏をするのは一番楽しんだ者だ。演奏している本人が心から楽しんでいなければ、聴衆が楽しいはずがない。そして音楽は、たとえ苦難や悲しみを表現している瞬間でさえ、音楽そのものを演奏している歓びに満ちている。それは、我々が生きるということの根源的な歓びであり、いのちの輝きである。音楽は、そういうものとして神から与えられているのだ。聖書でもパウロが言っているではないか。

いつも喜んでいなさい。絶えず祈りなさい。どんなことにも感謝しなさい。これこそキリスト・イエスにおいて、神があなたがたに望んでおられることです。(一テサロニケ5・16)

第二章

音楽は祈りのなかで　祈りは音楽とともに

祈りに音楽は本当に必要か？

祈りには二種類ある

祈りとは、本来、現実世界においてなんら直接的な利益や目的をもたない純粋に宗教的な行為である。そもそも宗教というものが、この世を超えた存在につながろうとするものであるならば、祈りは、それぞれの宗教にかかわる最良のツールであると定義することができる。

祈りには大きく分けて二種類ある。他力系と自力系である。対話系と瞑想系と言ってもいい。他力系ないしは対話系の祈りは、世界中にある一般的な宗教で行われる祈りである。神や仏と呼ばれる信仰の対象があり、それに向かって具体的な言葉や歌などで祈る。〝対話〟といっても祈りの対象が自分に答えてインターラクティブなやり取りをすることではなく（ときにはそういうこともあろうが）、こちらからの一方的な呼びかけが一般的である。一方、自力系及び瞑想系の祈りは、禅に代表されるように向かうべき特別な対象をもたなくとも成立し、沈黙及び肉体的な静止を基本とする祈りの形態である。

まず、最初に対話系の祈りの話をしよう。私は、高校時代に、カトリック教会に落ち着く前にいくつかのプロテスタント教会を回ってみたが、同じキリスト教の中でも、カトリック教会とプロテスタント教会では、祈り方に随分違いがあるように思われた。もちろん、プロテスタント教会の中でもかなりの違いがあり、一概に言えないのであるが、一般的にカトリック教会の信者の対話系の祈りは、「主の祈り」や「アヴェ・マリア」など、あらかじめ決められた祈りの文章を唱えることが多く、プロテスタント教会の信者は、自分の言葉で祈ることが多い。自分の心のおもむくままに言葉を発していくプロテスタントの祈りを音楽にたとえるとジャズの即興演奏のようで、カトリックの祈りは、書かれた譜面をなぞるクラシック音楽だ。

プロテスタント信者が祈るときには、「天にいますお父さま！」とか、「慈しみ深いイエスさま！」と、まるですぐそばに父なる神やイエスがいるかのように親密に話しかけることが多いが、カトリック信者は、対話している感じよりも暗唱しているように感じられることが多く、見ていてよそよそしさを感じる。このように、対話系的に考えるとプロテスタント信者のほうが、より神への近さを感じる。

カトリック教会と黙想

ところが、カトリック教会にはプロテスタントにない大きな特徴がある。それは、カトリックが〝聖堂の空間性〟を大事にすることとも関係があり、基本は対話系でありながら、自力系、瞑想系との関係がより親密なことである。

カトリック教会では黙想と呼ばれる瞑想を大切にする。たとえば、ミサの始まる三十分くらい前から、信徒たちはだんだん聖堂に集まってきて、静かに座って時を待つ。何をするわけでもなく沈黙の時をつくる。修道院に行くとそれが顕著で、一日のかなりの時間を黙想にあてている。黙想は禅に近い。〝祈る〟という動詞には、すでに行為としての活動性を感じるが、禅や瞑想は、祈るというよりは、むしろ肉体的な行為や思考を意図的に止めて、一つの姿勢のまま「何もしない」及び「何も考えない」状態に自らを置くことから始まる。

イエズス会は、多摩の檜原《ひのはら》村に秋川神冥窟《あきかわしんめいくつ》という禅道場をもっている。神冥窟をつくったフーゴ・ラッサール神父は、禅の無念無想は、神との合一を妨げる「神と個我の間にある障害」を取り除こうとするためであると説いた。彼は、悟りとは自己を完全に放棄して存在そのものと一体となる自然的神秘体験であって、悟りそのものは目標ではなく出発点であるという。

私たちは、この物質的な三次元世界においてさまざまなストレスにさらされている。人間関係で傷ついたり傷つけたり、時間に追われての移動や生活の心配など、雑多な事柄に追われて、魂が現実世界の中に沈み込んで重たくなっている。それを瞑想することによって思考を止めると、まるで水の中に混ざっていた重いゴミが沈殿していくように、日常の煩いが心から離れていき、しだいに魂が純化してくる。

神が至高なる純粋な霊であるならば、魂が濁っているときに見えなかったものが、純化した魂には見えるようになるのではないか。だから、日常生活の真っ只中でやみくもに祈るより、瞑想状態をまずつくり出し、精神統一をしてから神に近づくほうが賢明だ、というのがラッサール神父の考え方である。

その考えに私も共感する。というのは、祈りと音楽が宗教的な深いところで結びつくのは、魂が瞑想状態に近いときであることを、私は体験的に知っているからである。

対話系祈りとお願い

日本人に、「あなたの宗教は何ですか?」と尋ねると「私は無神論者ですから」と答える人が多い。けれども無神論者とは、実は恐ろしいことなのである。無神論者は、あらゆる信仰的行為が無意味（ナンセンス）になってしまうのだ。たとえば、食事のときに「いただきます」と言う、縁起をかつぐ、お盆にお墓参りをする、お正月に松飾りをする、神社仏閣を訪ねて何かを祈願する、身内が亡くなったときに弔いの行為をする、知り合いの葬儀に出かけるなど、本当の無神論者は一切行わないことになる。ところが、大勢の日本人が縁起をかついで「祝い事は大安吉日に」、「画数が良いので、この名前に」、それから「今年は厄年だから気をつけよう」などと言っている。そして除夜の鐘を聞いて、年が明けると神社に初詣に出かけたりもする。言っていることとやっていることが矛盾しているではないか。本当は、日本人ほど信心深い国民はいないのである。ただ、その信心がどこからくるのか、何につながっているからこの行為をするのか、ということを突き詰めることをしない国民性なのかもしれない。

そういう人たちから見ると、キリスト教はうっとうしい宗教だ。なぜなら、向かう対象が限定されてしまうから。つまり、崇拝の対象が父なる神とかキリストに限定されてしまうと、神社に行くこともお寺に行くこともできなくなると思う人もいる（私は行っているけれど）。また、日本人が普段から気楽に行っているご利益を求める「お願い」ができにくくなってしまう。もしかしたら、これが一番大きな理由かもしれない。

では、キリスト教では、「お願い」はしてはいけないのであろうか？そんなことはない。イエス自身が「主の祈り」で、「わたしたちに必要な糧を今日与えてください」(マタイ6・11)と祈りなさいと教えている。これは立派な現世利益のお願いである。必要な糧が毎日与えられることをお願いするということは、すなわち「家内安全」「商売繁盛」ではないか。ただイエスは、その前に、「天におられるわたしたちの父よ、御名が崇められますように。御国が来ますように。御心が行われますように、天におけるよう地の上にも」(マタイ6・9～11)と、現世利益とは関係ないことを唱えることを薦めている。なぜか? 実は、ここが大事なのである。

たとえば子どもが親に、「お母さん。これ買ってちょうだい!」と何かをねだるためには、あらかじめ親子の信頼関係が確立していないといけない。道行く見ず知らずの人に向かって、いきなり、「お洋服を買いたいのだけれど、お金ください!」とはお願いしないだろう。よしんば、それで仮に「いいよ、ついておいで」と言う人がいたならば、かえって何か下心があるのではと疑うべきだ。普段まるで意識もしていない神社仏閣に、たまたま参拝に行ったときだけ一方的な「お願い」をするというのも、それと同じ行為ではないか。〝祈り〟とはコミュニケーションだ。子どもが学校から帰ってくると、お母さんは、「あのね、今日『さか上がり』初めてできたよ。給食おいしかったけど、ピーマン残しちゃった」とか何でもいいから、聞きたいでしょう。全然大事なことでなくてもいい、どんなことでもいい、絶えずコミュニケーションをとり続けて、絆を絶やさないことだ。

他者のために祈ってみよう！

宗教では、自分が向かう信仰の対象を明確にし、その対象と信頼関係を築き、その後に初めて「お願い」ができるという、至極当然の順番をなぞるべきだ。なぜならば、宗教では、超自然的な存在を相手にするため、ときには、通りすがりの人にお願いするより、もっと危険なことが起きるからだ。

実は、祈りというのは結構かなうのである。祈りはすなわち念の集中だ。もしある人がある瞬間にもの凄い集中力をもって何かを願うならば、それがかなうことは往々にしてある。問題は、それがかなったあと、何が起こり、その人がどうなっていくかだ。たとえば、競馬や競輪で、「頼む、当たってくれ！」と強い念をもって祈ると、当たることがある。ところがそれで気を良くした人が、次も当たるに違いないと通い詰めて、結局財産を持ち崩してしまうという話をよく聞く。

この世には、神や良い霊ばかりいるとはかぎらない。良からぬ思いを抱いたまま自分の欲にかられて祈ると、それと同じような波動をもつものが感応してかなえてくれるが、「それをかなわせてくれる霊的存在の思うがまま」になる可能性は考えておいたほうがいい。神が存在するのと同じ意味で、悪意に満ちた霊というのも存在しているのである。イエスが悪魔を追い払ったりする場面は、福音書の中からいくらでも見つけることができるではないか。

だからこそ我々は、お願いするときだけでなく、平時から信頼できる宗教ときちんとした関係を築いておく必要があるのだ。その点、キリスト教の神は信用できる。なぜなら、だいたいあまり願いを気やすくかなえてくれないから(笑)。

ということで、私も、どうでもいい小さいことはお願いしないが、お願いする祈りを続けていくうちに、不思議とそれが神意にかなったことかどうかがわかってくる。「この祈りは、自分の魂のためにはあまりよくないな」とか、「この祈りはかなわないかもしれない。いや、むしろかなわないほうがいい」ということが、なんとなくわかってくるのである。

反対に、「この祈りはかならに違いない」と、祈っているときにすでに確信を得るときもある。そう思ったとき百パーセントかなう。それは神の意志に沿っている祈りであり、もしかしたら、祈る前に、もうすでに聖霊が自分に働きかけて、祈ることさえ導いている可能性がある。

いつも絶対にかなう祈りがある。それは他人のことを純粋に思っての祈りである。その思いが、自分の欲から離れて無心に相手自身に向かえば向かうほど、かなう確率が高くなる。

「あなたのために祈ってるね」というのは、キリスト者の間でも挨拶のようになっているが、これを単なる社交辞令で終わらせてはいけない。他人のために祈ってかなった、という体験を重ねることは、「神は生きていて、日々私たちに働きかけているのだ」という実体験から信仰の確信を得る最も近道なのだ。それにこの祈りには、絶対に害がない。それどころか願えば願うほど、本人の魂の徳を高めるという間違いのない祈りである。神は、そんな人間が好きに決まっているのだから。皆さん、瞞されたと思って、今日から実行してみてください。ただ、純粋な気持ちで、その人の魂によかれと思って祈るのですよ！

宗教とリズムの関係

精神世界への扉

神がこの宇宙を創造されたときに、空間とともに時間が生まれた。その時間の中にあって、物質世界においては、惑星の軌道から始まり、呼吸や心臓の鼓動に至るまで、規則的なリズムに支配されている。

この規則的なリズムを行動の中に取り入れると、それが人間の肉体と精神に一種の高揚感と快楽をもたらす。セックスの快感もその一つであるが、若者がディスコなどでロックのリズムに身をゆだねているうちに一種の恍惚状態になるのは、リズムそのものに内在するエネルギーによる。それも音楽のもつ紛れもない力である。だから世俗音楽の世界では、太古の昔から西洋でも東洋でも、打楽器のリズムが欠かせなかったのである。

〝祭り〟というものは本来宗教用語で〝神仏を祀《まつ》る〟ことからきている。その祭りにおいては古代から太鼓が中心となっていた。山車《だし》のお囃子《はやし》や盆踊りの輪の真ん中での大太鼓、あるいは太鼓だけの勇壮なアンサンブルなど、聴いているだけで、腹の底からなにか根源的な生命力が湧き起こってくるような気がする。

たとえば、暗い夜に神社の境内《けいだい》でかがり火を焚いて、裸の男子が何人も集まって太鼓のアンサンブルを夜空に響かせたとする。私もそういうのは神秘的で大好きだ。宗教というものが、人々を日常から遊離させ、異界へと意識を誘うものだとすると、それは単に「演奏行為」を超えてすでに「宗教的行為」だ。すなわち、そこで鳴り響いているものは十分に「宗教音楽」たり得るのである。また、仏教全般の読経とそれに伴う鐘や太鼓も、西洋の宗教音楽とは随分形態が違うけれど、広義には宗教音楽だ。その中でも、最も音楽的効果の高い念仏や題目《だいもく》は、仏教の宗教音楽としては花形的存在かもしれない。

騒乱の続く鎌倉時代、法然の始めた浄土宗とそれを受け継いだ親鸞の浄土真宗、また日蓮の始めた日蓮宗などの宗教では、長々とした経文を唱える読経とは違って、一つのフレーズを果てしなく繰り返して唱える独特の祈りの形態を大切にしている。

浄土宗系では、慈悲の仏である阿弥陀如来《あみだにょらい》が衆生《しゅじょう》を救済しようとしているので、南無・阿弥陀仏（阿弥陀さまに帰依します）と唱えることによって、阿弥陀仏の慈悲に触れて魂が救済され、死後、極楽浄土に行くと信じられている。その「なむあみだぶつ」を速く唱えるときには、「なんまいだーぶ、なんまいだーぶ」あるいはもっと崩れて「なんまいだー、なんまいだー」と速い三拍子になって繰り返される。

私は、京都に行くと必ずといっていいほど、早朝に浄土真宗の西本願寺を訪れて、読経と法話を聞いて帰ってくる。ここでは通常の読経とともに念仏を唱えるが、のんびりと柔らかい感じがする。それにお坊さんの法話がいい。あるときはこうおっしゃった。

「私たちは凡愚《ぼんぐ》（知恵がなく愚かなこと）なる存在でありますけれど、その私たちを阿弥陀さまは救おうとされ、その救いが完成されないうちは決して悟るまいと決心されたのです。その慈悲に私たちは決して甘えることなく、一歩一歩阿弥陀さまに向かって進んでいこうではありませんか」

これは、まさにキリスト教におけるイエスと信徒の関係と一緒ではないか。ただキリスト教と違うのは、残念ながら、阿弥陀如来に関しての情報量が圧倒的に少ないことだ。

阿弥陀如来については無量寿経《むりょうじゅきょう》と阿弥陀経に描かれているが、そもそも学術的には実在していたかどうかも怪しい。ましてやイエスのように、現実の世界に生きた証しがあって、人々に「こうしなさい」とか道を説いたわけではないので、ただシンボリックな〝慈悲なる仏〟を信仰するしかない。そこで、念仏を繰り返してアプローチするのだろう。

パワーを呼び起こし、力強く生きる?

さて日蓮は、そんな法然及び親鸞の念仏を否定した。彼は、極楽浄土の考えを現実逃避だと批判したのである。そして、釈迦が説いたいくつかの経典のうち、妙法蓮華教《みょうほうれんげきょう》（法華経）こそ宇宙の理を表現した究極的なお経だと位置づけ、その宇宙観に帰依するという意味で、南無・妙法蓮華経（法華経に帰依します）という題目を掲げ、これを唱えることを薦めた。そして、来世に目を向けるのではなく、法華経の中に眠るパワーを勤行《ごんぎょう》によって呼び覚まし、むしろこの現実の社会で運やエネルギーを得て、力強く生きていくべしと説いた。

だから厳密にいうと、対象はお釈迦さまという具体的な人物ではなく、お経である。南無・妙法蓮華経の題目は果てしなく繰り返されるが、「なんみょうほうれんげっきょう」と大きな三拍子になる。

実は、昔、友人に法華経の信者がいて、私も勤行を一緒にやってみたことがある。「なんみょうほうれんげっきょう」という言葉を果てしなく繰り返すうちに、妙な感覚が私の中に生まれた。それは、音楽でいうとオスティナートというもので、同じモチーフを何度も何度も繰り返すと心がトランス（没我）状態のようになるのも事実である。

妙法蓮華経はとても高い教えだ。「因果の法」などをはじめとして長年法を説き続けてきたお釈迦さまであるが、今や彼自身が全宇宙を俯瞰できる最も高い悟りの境地に到達し、集まってきた人たちに対し、「これまでの教えは皆方便であった。これから真実をみんなに教える」と言って、世界の奥義を伝えたのである。

でも、法華経がいくら素晴らしいからといって、「法華経に帰依します」という言葉をただ繰り返し唱えてみても、それで法華経のパワーを呼び覚ますことができるかは疑問だ。その崇高な宗教的境地が、題目が導き出すディスコ的陶酔によって得られるものだろうかという疑問が、私の中には残った。

では、南無阿弥陀仏も同じではないかと言われそうであるが、それとは意味が異なる。我々は、「イエスよ、あなたを信頼し、ついていきます」と祈ることはするが、「ヨハネによる福音書」が素晴らしいからといって「南無ヨハネ福音書」と繰り返し唱えて思考停止、というようなことはしないだろう。

それより、むしろその内容を読んで理解したほうがいいと思うだろう。

それぞれにかかわる音楽がある

すべての森羅万象を神として崇拝する素朴なアニミズムには、それにふさわしいプリミティブな音楽が対応する。それから、山を神聖なものとしたり、神の使いとして狐を祀り拝んでいる信仰から、仏陀が開いた原始仏教の悟り、そして天地を創造した全能の神を崇拝するキリスト教のような宗教まで、一口に宗教といっても実にバラエティーに富んでいる。そして、それぞれがふさわしい音楽とかかわっているのである。

皆さんはチャクラという言葉を聞いたことがあるだろう。実は私はそちらの専門家ではないから、知識として知っていても、それを体験するための行《ぎょう》のようなことを行ったことはない。ただ、このことを説明するのには、もしかしたら有用かもしれないと思う。

すなわち、あらゆる種類の音楽は、それぞれ対応するチャクラをもつ。その中で、太鼓や念仏、題目などの音楽的効果は、我々人間の肉体及び精神のある領域のチャクラに感応し、その部分を刺激して、興奮させ、陶酔状態をつくり出すのだろう。

ではそれらが宗教音楽というのであるならば、たとえばバッハやモーツァルトのミサ曲や、典礼の中での聖歌や賛美歌などとの違いは一体どこにあるのだろうか?

私はこう考える。それらの音楽的効果が、体ないし精神のどの部分に強く働きかけるか、という違いなのではないか。そのあらゆる宗教の中で、キリスト教はもっとも〝聖〟であることを志向している宗教ではないだろうか？

創造主が神聖であるからこそ、神聖でない人間存在の低さや、神聖であることを避け、あるいは退けようとする〝罪〟というものが浮き彫りにされる宗教なのだ。そんなキリスト教では、祈りや礼拝の音楽にも、聖であることを求められているように思われる。

聖なるかな、聖なるかな、聖なるかな
万軍の神なる主　主の栄光は天地に満つ（イザヤ6・3）

カトリックの典礼と音楽

典礼音楽の原点

キリスト教が、「聖なるもの」をめざしている宗教であるならば、それに伴う音楽も崇高さを伴うものでなければいけない、と人が思うのは当然である。それ故、ヨーロッパではパレストリーナから始まり、モンテヴェルディ、バッハ、ハイドン、モーツァルト、ベートーヴェンなど、最高の音楽家が素晴らしい宗教音楽を書いた。彼らは競って、自らの宗教的な法悦の世界を、ミサ曲をはじめとする作品に表現してみせた。

ただ、あまり芸術的な宗教音楽では、実際の礼拝にはそぐわない面もある。その点において、礼拝音楽と宗教音楽とはイコールではないのである。すなわち、音楽の中に宗教音楽があり、宗教音楽の中に、実際の礼拝のための音楽があるという分類である。

では礼拝音楽とは何か？ そのいくつかある定義の一つに、「聴衆をもたず、演奏する者のみで完結する音楽」というのがある。バリ島のケチャという音楽がそうであるように、演奏者全員が礼拝行為を行っているとしたら、それを冷静に距離を置いて聴いている聴衆というものは存在しない。すなわち、第三者を楽しませなければとか、うまく歌わなければいけないという義務をもたない音楽なのである。

カトリック教会における典礼音楽の原点は、グレゴリオ聖歌にまでさかのぼる。グレゴリオ聖歌は、当初、五九〇年から六〇四年にかけて在位していた教皇グレゴリウス一世が編纂したと信じられていたが、実際には、もっと長い年月をかけて九世紀から十世紀ごろにかけてまとめられたと言われている。主として修道院の中で歌われ、基本的にユニゾン(単一旋律)、無伴奏であり、ゆるやかで、祈りのテキストに沿って作曲されているので、規則的なリズムから離れている。この点において、高揚感をつくり出す速いテンポや規則的なリズムの音楽とは異なる。これは、「神の世界は永遠であって、時の制約から離れている」という考え方からきている。だから現世的なものはリズムをもつが、天上的なものほどリズムの制約から離れているのだろう。

グレゴリオ聖歌は、最近ではCDも販売されて一般にもかなり知られるようになってきた。だがそれはほとんどBGMのように聴かれていて、頻繁に演奏会で取り上げられることはない。なぜなら、そもそも人に聴かせる音楽ではないからである。グレゴリオ聖歌とバッハのフーガとではどちらが優れているか、という議論は無意味なのだ。単に用途が異なるのである。

高田三郎氏の典礼音楽

このグレゴリオ聖歌のイディオムを、第二バチカン公会議以後の自国語による典礼音楽において、どの国よりも積極的に取り入れようとした作曲家がいる。それが、髙田《たかた》三郎《さぶろう》氏である。一九六〇年代から髙田氏を中心に典礼聖歌の編纂が行われたが、その際、彼が作曲の拠りどころにしたものは、いみじくもグレゴリオ聖歌であった。髙田氏は、礼拝における魂の純化のために、「肉体に働きかける音楽」とは正反対の、「肉体に働きかけない音楽」を作ろうと考えていたのだろう。答唱《とうしょう》詩編《しへん》における詩編の部分は、全音符のような一つの音符の下にたくさんの言葉が並んでいる。また、歌ミサにおいても、言葉に対応して八分音符が並び、プロの音楽家が見ても驚くような変拍子の音楽となっているが、それを言葉に従って歌ってみると、案外抵抗なく歌える。

髙田氏がめざしたのは、純粋に「祈るため」の音楽であった。音楽は本来、整数倍を指向する。二拍子や四拍子、八分音符の倍の長さは四分音符、フレーズも四小節単位や八小節単位で形づくられる。それが音楽の規則性を生み、リズムを生む。しかし、髙田氏は、音楽優先の要素から離れて、不規則なリズムをもつ言葉を中心に変拍子も厭わず、霊的な音楽を構築しようとした。グレゴリオ聖歌がまさにそうであったように。ロゴスを拠りどころにしようという思いからきているように思われる。

その結果、髙田氏の作った典礼聖歌は、悪く言うと音楽的旨味の部分が希薄で、「語られる祈り」と限りなく近い。たとえば、典礼聖歌二〇三番「憐れみの賛歌」では、レミソという、わずか三つの音しか使用していない。髙田氏は、なるべく会衆が祈りに専念できるように、自分の作曲家としてのすべての野心を滅却し、限りなく無心になってシンプルな音楽を作ったのだろう。これは髙田氏の挑戦であった。

とはいいながら、髙田氏の音楽的な味つけがまったくないわけではない。彼の典礼聖歌がグレゴリオ聖歌と違うのは、必ずオルガン伴奏がついている点である。そして、その和声にちょっとした工夫がなされている。たとえば典礼聖歌二〇六番の「平和の賛歌」では、三回繰り返される〝かみのこひつじ〟の三回目は、同じメロディーながらハッとするような淡い色彩感を感じる。実は、「こひつじ」の「ひ」を支える和音のラの音が三回目だけ半音上がっていて、さらに、「じ」で最初の二回はロ短調の和音でおさめるが、三回目だけはとても洒落たメージャー・セブンスと呼ばれる和音を使っている。こんなふうに、本当に控えめながら、髙田氏の個性が染みこんでいるのもユニークな点だ。

典礼音楽はどこに向かうのか

髙田氏は、キリスト教という〝聖〟なるものを扱う宗教にふさわしい礼拝音楽を模索し、これを確立させた。それは偉大なる業績だと私は評価している。では、典礼で使う音楽は、すべて髙田氏のような音楽でないといけないのか？　というと、そんなこともない。

たとえば、マルティン・ルターが宗教改革を起こす前のカトリック教会のミサでは一般会衆は、高度な多声音楽を聖歌隊が歌っているのをぼんやり聴くだけであった。それを改革して、彼はコラールというシンプルな楽曲を作って会衆に歌わせ、歌においても積極的にミサに参加できるようにした。コラールは、当時流行していた世俗の歌謡曲に宗教的な歌詞をあてはめ、替え歌として編纂《へんさん》し始めたが、ルター自身も作詞作曲の才能があり、その結果たくさんのコラールが生まれ、広く歌われた。

その流れを受け継いで、我が国のカトリック教会でも、典礼聖歌集編纂の前に歌われていたのはむしろコラール形式の楽曲で、一九三三年初版の公教聖歌集とそれに次ぐ一九六六年初版のカトリック聖歌集の中に収められている、「いつくしみふかき」「主よみもとに」「かみともにいまして」などは、現在でも揺るぎない地位を占めている。これらは三拍子、四拍子といったはっきりとした拍子をもち、フレーズも規則的かつシンプルである。「もろびとこぞりて」のような快活な曲があっても、どれも歌詞がみんな格調高く、しみじみとした神への思いが感じられて素晴らしいと思う。

私たちは神に少しでも近づきたいと思って聖堂に集まるが、同時に人間として肉体をもち、紛れもなくこの世界を力強く生きている。とすれば、より肉体に近い音楽をもって礼拝することもゆるされるべきである。

私個人は、子どもミサなどで、ギター伴奏を伴って「アーメン・ハレルヤ」などをみんなで大声で歌うのは大好きである。ヴァイオリンやフルートなどが加わったら、もっと楽しい。そこで盛り上がったとしても、歌われている内容が祈りと乖離しなければ問題ない。神聖で孤高の祈りにふさわしい音楽も大切であるが、スピリチュアルな次元をやや落としても、そこで親しみやすくわかりやすい音楽をみんなで奏でることによって、会衆全体の一体感を生み出し、子どもたちや普段あまり教会に来ない人たちの心にも届くとすれば、福音宣教の意味からも、あえてそうした音楽を奏でるのは大いに意味のあることである。私は思う。祈りの音楽の中にも、瞑想状態に近い静謐《せいひつ》なもの、栄光に満ちた輝かしいもの、世俗っぽく親しみやすいものなど、いろいろあっていい。どちらがよくてどちらが悪いということはないので、ケースバイケースで取り入れればいいと思う。

ただ一つだけ、私の好みでは、聖堂内に、祭り太鼓のアンサンブルを轟《とどろ》かせながらミサを行うというようなことだけは、聖なるものを指向するカトリック教会ではふさわしくないと断言したいところであるが……。

音楽は祈り

たとえば、カトリック教会における秘蹟《ひせき》として、聖堂内における最高の礼拝形式であるミサは、歌唱という行為を伴わなくとも、それだけで完成した祈りだと言われる。だったら、祈りに音楽はそもそもなくてもいいのか？ 音楽があると何が違うのだろうか？ みんな、音楽があったほうが、華やかでいいと思っているかもしれないけれど、本当にそうだろうか？

その前に、なぜ信徒は聖堂に集まるのだろうかと、考えたことはあるだろうか？ 一人で家で祈るのと、日曜日に教会に行って祈るのとでは何が違うのだろう？

イエスは、弟子たちとともに最後の晩餐《ばんさん》を行ったが、そのとき、裂いたパンとワインを取り、弟子に分け与えて、「これをわたしの記念として行いなさい」と言った。それは、自分がいなくなったあとでも互いに集まって信仰の分かち合いをすべしというイエスの思いである。

さらに、その晩餐の場面でマタイはこう記している。

一同は賛美の歌をうたってから、オリーブ山へ出かけた。（マタイ26・30）

イエスとその弟子たちも集まって賛美の歌をうたっていたのである。ミサの中で「聖霊《せいれい》の交《まじ》わり」という言葉が何度も言われるが、聖霊の交わりは、なにもミサの中だけではなく、信徒たちが集まってともに祈っているときには常に起こっている。

二人または三人がわたしの名によって集まるところには、わたしもその中にいるのである。（マタイ18・20）

その聖霊の交わりに、音楽が積極的に関与しているのだ。

本来、信仰は個人的なものであり、個人の内部で完結しているので、外に表現する必要はないが、聖堂内に信徒たちが集まったとき、それぞれの信徒は、知らず知らずのうちに信仰を表明し表現している。どのようにして？　それはともに語られ、歌われる祈りにおいてである。

たとえば「主の祈り」を言葉で唱えても、その際、会衆たちは互いにテンポやタイミングを合わせようとする。なぜだろう。おそらく、無意識のうちにそれぞれの会衆たちは、周りの人たちとの一致を試みようとしているのではないか。それが歌になると、もっとはっきりしてくる。タイミングだけではなく、メロディーの高低も合わせようとする。聖歌隊がいたら、ハーモニーも合わせようとし、合ったときには、ある種の充実感がある。

歌においては、語るよりずっと、一人ひとりの祈りに向かっている態度があらわになる。大きな声で歌う人、小さな声で歌う人、美しい声の人、しゃがれた声の人、いつも次のフレーズをフライングして入る人、その反対に人が歌ってから歌い始める人。それらが、集団となって、会衆全体をつくり出し、それを神にささげている。

聴衆はいない。それを評価する人もいない。演奏会でも審査会でもない。礼拝での歌唱は、それ自体で完結した行為である。でも、信徒は歌いながら何も感じないかというと、そんなことはない。「あ、なんかいい感じだな。今日」とか、「自分の声がみんなと交ざり合って気持ちがいいな」とか。すなわち、毎回それは一期一会のセッションなのだ。そして目的が、みんなの歌に自分の声を溶け込ませることにあるとしたら、問題があるのは、声の小さい人ではなく、むしろ声の大きい人だったりする。もっと問題があるのは、声が大きい上に、自分の歌に自信がある人。自分の声を披瀝しようとしたり、みんなから褒められようと思いながら歌うのは一致を妨げる行為であり、典礼の中ではつつしむべきだろう。

調和と聖霊

私は仕事柄、いろんな街を旅することが多い。なんとか時間がとれるときはその土地のミサに行く。そこで聖堂に集まった会衆の歌を聴くと、即座にその教会の状態がわかる。失礼を承知で申し上げると、一番わかるのは、そこの信徒たちがどのくらい仲が良いのか悪いのかということだ。こうしたことはすべて歌に出る。歌は、本人たちが気づかなくても、あらゆる意味で、とても表出性が高いのである。

音楽というものは、物理的意味でもメンタルな意味でも、ハーモニー（調和）の実現である。シンパシー Sympathy が形になったものだという言い方もできる。sym ないしは syn はギリシャ語で「ともに、同時に、合成」という意味をもち、pathy は、本来 Pathos から来ていて、これを英語で読むとペーソスとなり、悲哀などと訳されたりしてしまうが、本来は情念を意味する言葉である。すなわち Sympathy は「パトスが互いに呼応し合う」ものなのである。一つのメロディーを合わせるのさえ、調和の心がないとできない。ましてや、和音を合わせるのはもっと難しい。でも、一度合ったときの美しさには、他では味わえないものがある。

祈りの言葉は、歌に乗ると、必ずといっていいほど聖霊の力が働く。その際に、聖堂に集う会衆の心が瞑想的になってくればくるほど聖霊の力は強まり、祈りは翼を得た鳥のように飛翔し、聖堂内を飛び交うのが、私には目に見えるように感じられる。だから祈りは、歌に乗せて行われるのが望ましいのである。

そして、音楽は美の化身である、と思う。それ自体が美しく崇高なもので、そこに信仰という要素が加わると、さらに信じられない高みに登る。それは、音楽がまさに、神近き存在であることの証しである。その神髄に触れるとき、私には、神の人類に託した最終目標が、単なる「正しさ」ではなく「美」ではないかと感じられる。ただ間違いを犯さない人生に満足することなく、より美しい生き方をめざし、美しい心をもつ人間になって、美しい人生を歩みなさいと、音楽は自らの美をもって、神のみことばを告げている。まるで叫びのように！

レクイエムについてのいろいろなお話

贖宥状とレクイエム

免罪符《めんざいふ》という言葉を間違って使っているのをよく耳にする。「『友達親子』という言葉を、親のしつけ放棄の免罪符にしている」というふうに。

なかなか洒落た言い方で、ちょっと知的な香りがするが、この場合、免罪符という単語は「自分の罪を逃れようとする」という意味で使われているのであろう。ところがこの理解は正しくない。誤解を受けやすいのは免罪符という言葉だ。「罪を免除する」、ないしは「罪を免れる」と安易に理解されてしまうから。ルターの宗教改革の発端となったのは、indulgentia で、ラテン語では寛大、慈悲深さ、好意という意味の単語である。だから、免罪符は贖宥状《しょくゆうじょう》と呼ばれることが一般的になってきた。贖宥状はお金を払って手に入れるものではあるが、中世に広く信じられた「煉獄《れんごく》説」からきている。すなわち、「罪の償いを完全に終えてない人は、死後、真っ直ぐ天国に行くことはゆるされず、煉獄に落とされて厳しい責め苦を受け、罪の償いをしなければならない。だが、生きている者の功徳《くどく》が、煉獄にいる死者の責め苦を軽減させることができる」という考え方だ。

贖宥状が広まった背景には、バチカンのサン・ピエトロ寺院の建設資金の調達のためという教会の事情があり、さらにそれが教会の腐敗の温床だとして、マルティン・ルターによって否定され、宗教改革につながっていった、ということはみんな知っている。

今でも私が自分のことをカトリック信者だというと、「カトリックって、免罪符を発行した教会でしょう」と、まるで私が悪の加担者のように言ってくる人がいる。教会の腐敗を弁護するつもりは毛頭ないけれど、贖宥状を買った信者の心情は、「自分の悪事をお金でごまかして解決」というエゴイスティックな気持ちから出ているものではない。それは、仏教でいえば、亡くなった身内に立派な戒名をつけてもらい、少しでもあの世で良いところに行かせてあげたいと思いながら、高いお金を払うという行為に似ているのではないか。

レクィエムの激しすぎるテキスト

それよりも、レクィエムという宗教音楽が、当時、贖宥状とまったく同じ理由で盛んに行われていたことを知っている人はいるだろうか？ 実は、レクィエムは、当時の信徒にとって、煉獄説を中心として贖宥状と共に両輪を成す行為であったのだ。贖宥状を悪く言う人は多いが、レクィエムのことをナンセンスだと言う人はいない。それどころか日本人は、普通のミサ曲よりもレクィエムが好きな傾向にあるかもしれない。レクィエムの正式名称は、「死者のためのミサ」missa pro defunctis である。亡くなった人のために特別にミサをあげることによって、贖宥状と同じように煉獄での責め苦を軽減しようとしたのである。

なぜレクィエムと呼ばれるかというと、テキストの最初の言葉がたまたま「レクィエム」だったからである。その意味では、「グローリア」とか「マニフィカート」、「アヴェ・マリア」も同じだ。

Requiem aeternam dona eis, Domine; et lux perpetua luceat eis.「主よ、彼らに永遠の安息を与え、彼らを絶えざる光もて照らし給え」

休息、安息の意味のラテン語は requies レクィエスであるが、requiem は、その目的格「安息を」である。だから「『安息を』を演奏しましょう！」というように、よく考えてみるとちょっとおかしい。

この死者のためのミサが、通常のミサと大きく違うのは、特別なテキストをもつことである。特に「憐れみの賛歌」のあとには「怒りの日」で始まる長大な続唱《ぞくしょう》があり、最後の審判の激しい描写が目立つ。

この世を裁くために
すべてが書き記された書物が差し出されるでしょう
裁きの主がその座に着くとき
隠されていたことは何もかも明らかにされ
逃れるものはありません

呪われた者たちがしりぞけられ
激しい炎に呑み込まれるとき
私を、祝福された人たちと一緒に呼んでください
私はひざまずき、灰のように砕かれた心で、ひれ伏してお願いします
私の臨終のときには、気にかけてください

これは、本当に死者の魂のために祈っている言葉なのであろうか？ むしろ私には、このミサに参加している生者に対して、教会が与える〝脅し文句〟にしか感じられないのである。

すなわち、「ここにお集まりの皆さん。亡くなった○○さんのことを祈っているけれど、あなただって明日は我が身。だって裁きになったら、誰も知らないはずの、あんなことやこんなことまで、全部バレバレなんだよ。わからないだろうと思って悪いことしていたら、大変な目に遭うのだ」というふうに。

入祭唱では「彼らに永遠の安息を」と、本来の目的に沿って「(亡くなった)彼ら」のために祈りをささげているのが明白であるが、続唱に入るとガラッと変わって、一体誰のことを誰に祈っているのかわからなくなる。「荘厳なる恐怖の大王が来るぞ、恐いぞ」と脅かしておきながら、「私を、祝福された人たちと一緒に呼んでください」と祈る相手は、その恐怖の大王(イエス)なのだ。

それより、死者のために祈っているはずなのに、いつの間にか「彼ら」という言葉が消えて「私を呼んでください」と一人称になってしまっている。「私の臨終のときには、気にかけてください」と言うというところでは、臨終のときをとっくに過ぎ去った故人のことなど忘れ去っているのだ。教会は、死者のためのミサという絶好の機会を使って、葬儀に集まった信徒たちを相手に、最後の審判の恐怖をこれでもかと植えつけているわけである。

では、一体なぜそんなことをするのか?　そこには、そもそも煉獄説というものがなぜ生まれたのかという理由と一体となっている。

地上のパラダイスという幻想——教皇のお膝元で！

　もう三十数年も前の話になるが、ベルリン留学時代、春休みを利用して妻と二人でイタリアに安旅行をした。ユーロなどが使われるずっと前なので、ローマのテルミニ駅の公的な両替所でマルクをリラに両替しようとしたら、返ってくるはずのお金が足りない。こちらの勘違いかなと思ったが、とりあえず確かめようと窓口に近づいたら、両替のお兄さんは、もう一枚のお札と領収書を、「はい！」と妙に明るい顔で差し出した。つまりネコババしようとしていたわけである。

　また、二〇〇六年に家族旅行をしたが、やはりローマのテルミニ駅。ちょっとしたスキに財布をスラれてしまった。こんなふうに、イタリアはコソ泥やスリ、置き引きがとても多い。グループで、一人がケチャップなどを引っかけて、驚いている間にもう一人の相棒に何から何まで盗られた、などという話に事欠かない。

　教皇のお膝元ローマでなのだ。それらの失望体験をとおして私は気がついた。なるほど、これでは煉獄という考えが生まれるのも当然だ、と。

　煉獄が生まれた背景には、イタリアをはじめとして、ヨーロッパの各国にキリスト教が行き渡り、国民全員が幼児洗礼を受けて生まれながらにしてクリスチャンとなる、いわゆるキリスト教国が出来上がったことと無関係ではないと思う。

ローマ帝国内の都市から始まって、異邦人を相手に、広く世界中にエネルギッシュに福音宣教を行っていたころの初期クリスチャンには、宣教される人たちよりも人間としてあるいは生き方として優っていなければ、彼らを説得し回心させることはできないという義務感があったろうし、キリストの証人としての自負と誇りがあったと思う。しかし、キリスト教がローマ帝国の国教と認められ、さらに福音宣教が進んで、そこかしこにキリスト教国ができると、逆にキリスト者の自負や誇りは必要なくなってきた。だって、周り中みんなクリスチャンなのだから。

夢見ていた国民総クリスチャンの国なら、悪人など一人もいない地上のパラダイスが実現するはずであった。ところが残念ながら、現実はそうはならなかったのだ。相変わらず、犯罪が起き、マフィアすら生まれ、人殺しも絶えない。

「あれえ？もとのままじゃないか？でも、あの殺人者もあの詐欺師も、いちおう幼児洗礼を受けていて救われているということだよね。ということは彼らも自分と同じ天国に行くというのか？それっておかしくない？」と、誰かが言い始めるのは時間の問題であった。

そこで煉獄説が生まれ、やはりそのままではすんなり天国にはいけないよと、教会は民を繰り返し脅し続けなければならなくなったのではないか。私も個人的には、あの両替所のお兄さんがもし幼児洗礼を受けたキリスト教徒であったとしても、そう簡単に天国に行かれては困る。きっと私だけではなく、何度となく両替をごまかして着服していたに違いないだろうから。そんな奴は、せいぜい煉獄で絞られるがいいさ（おっと、失礼！）とも思いたくなるのである。

プロテスタント教会には煉獄はない

カトリック教会が国民を恐怖感で締め付けることで国の安定と治安の維持を図ろうとしていた一方で、マルティン・ルターは、そもそもカトリック教会とは正反対な死生観をもっていた。そしてそれは、特にルター派教会において今日まで受け継がれている。

ああ主よ、あなたの愛すべき天使をして
終末のときに、私の魂をアブラハムのふところへ運んでください
小さな寝室にいる肉体を、苦痛も痛みもなく
最後の審判の日まで憩わせてください

かの日には、私を死から目覚めさせてください
私の目は歓びに満ちて、おお神の子よ、あなたを見るのです
私の救い主よ、恵みの玉座よ
主イエス・キリストよ、聞いてください
私は永遠にあなたを讃えましょう！

これは、ルターの神学を真っ正面から受けとめ、音楽の中で表現し尽くしたバッハが作曲した「ヨハネ受難曲」の終曲コラールである。ここには、最後の審判という言葉が出てくるが、恐怖どころか、むしろその日の到来を待ち望み、復活への期待に溢れているではないか。プロテスタント信者のバッハにはもちろんレクィエムはないが、ヨハネ及びマタイの二つの福音書の受難場面をもとに作曲された受難曲や、葬儀のために書かれたいくつかのカンタータやモテットなどは残っている。そのどれにも恐怖の表現のかけらもないどころか、この不条理に満ちた現世を耐え忍べば、あの世でイエスと相まみえ、イエスの愛の中で生きることができるという希望のみが強調されているのである。

ルターは、贖宥状には反発していたが、煉獄説そのものを当初から否定していたわけではなかった。ただ、「イエスへの信仰のみに希望を置く」という徹底した信仰態度が、もはや

煉獄という考えを必要としなくなり、その結果、現在、ルター派教会のみならず、ほとんどのプロテスタント教会では、煉獄という考え方は意識にも登っていない。それよりも、恐怖で従わせようとしなくなったからといって、国中にただちに悪人が増えたようにも見えない。現在、プロテスタント教会が優勢のドイツは、イタリアよりもずっと安全である。とすると、ルターのように希望を強調したやり方のほうがベターだったのではないか?

そう考えると、中世のカトリック教会は〝脅し損〟だったのでは、とレクィエムを指揮したり聴いたりするたびに、私は思ってしまうのである。

ロマン派作曲家の悪ノリ

ロマン派に入ると、ベルリオーズやヴェルディなどが、レクィエムの歌詞を逆手に取って悪ノリし、続唱にとんでもない音楽をつけるようになった。要するに、あの過度に恐怖を煽る表現が、なんと茶化されてしまったわけである。

最後の審判の始まりを告げる「トゥーバ・ミルム」(妙なるラッパ)では、モーツァルトのレクィエムではトロンボーン一本で控えめに演奏されたけれど、だんだん劇画的に誇張されてきて、広い空間に飛び交うスペクタクルなラッパの饗宴になった。

呪われし者が地獄の炎に焼かれるという言い知れぬ不安、その中からの必死の懇願。独唱者のおののきの表現など、真に迫りすぎて、どんなオペラよりもドラマチックである。ベルリオーズは、なんと十人のティンパニー奏者を舞台に並ばせ、ホールの四隅には別働隊のバンダ（小オーケストラ）を配置した。今聴いてみても、続唱のテキストはロマン派的な表現にぴったりだ。しかしながら、そこに真摯な祈りが入り込む余地はあるのだろうか？

ヴェルディは、オペラ「アイーダ」の大成功で最高の地位と名声とを手に入れたあと、筆を折り、サンタアガタの農園に引きこもって余生を送ろうとしていた。そこに、彼が尊敬していた作家であるマンゾーニの死を知らされて、レクィエムの作曲を思いついた。

エジプトの若き司令官ラダメスと、今は奴隷となったエチオピアの王女アイーダとの悲恋を描いた「アイーダ」は、ヴェルディのすべての作品中、最も死の匂いのする音楽だと私には感じられる。ラストシーンでは、閉じ込められた地下牢で愛する二人が緩慢な死を迎えていく。その舞台裏からは、祈りの合唱が静かに聞こえてきて幕となる。作品のそこかしこに、しみじみとした諦念ともいえる情感が流れているのだ。

それを即、宗教的と言えるかどうかはわからないが、彼のあらゆるオペラの中で最も「死者のためのミサ曲」に近い楽想をもち、そして実際、それらはごく自然にレクィエムに受け継がれていった。

テレビも映画もなかった時代、人々はヴェルディに芸術性だけでなく娯楽性も求めた。そしてヴェルディは、それに応えることも使命だと感じていたのだろう。「アイーダ」凱旋の場面では、舞台の両側で交互にアイーダ・トランペットが演奏され、壮麗な行進曲に乗って、馬や象さえも登場して聴衆を大いに満足させた。そうしたヴェルディのサービス精神はレクィエムにも現れ、アイーダ・トランペットが「妙なるラッパ」に取って代わられることを私は責められないような気がする。ヴェルディは割り切って考えられる人だ。続唱で大衆の心を掴み、奉献唱やサンクトゥス及びベネディクトゥスで、賛美や祈りの境地を表現した。それがイタリアの大衆を愛した巨匠ヴェルディの生き方だったのである。

続唱を作曲しなかったフォーレ

日本人に最も愛されているのはフォーレのレクィエムと言っても過言ではないだろう。フランス人作曲家フォーレは、自身のレクィエムにおいて意図的に続唱を作曲しなかった。それによって「死の恐怖を表現していない」と批判されたというから気の毒な話である。現代の視点から見ると、静謐で清らかな世界をブレることなく描き切った創作態度こそ誉め称えられるべきである。続唱なんか書かなくてよかった。

本来、レクィエムは、すべてのテキストに作曲する義務はない。仮に作曲しなくても、どっちみち唱えることで目的は達せられるからである。フランスでは独自の伝統があり、本来のバチカンの正式な死者のための典礼にはない祈りが加えられている。「平和の賛歌」の前に置かれている「ピエ・イエス」（慈悲深いイエスよ）である。

世の罪を除きたもう、慈悲深い主イエスよ
彼らに永遠の安息を与えてください

このテキストは、ほとんど「平和の賛歌」と一緒だ。「平和の賛歌」冒頭の「神の子羊」という言葉が、「慈悲深いイエス」に変わっただけである。しかしながら「慈悲深い」という言葉が作曲家のインスピレーションを大いに刺激したのであろう。フォーレだけでなく、フォーレの路線を受け継いだデュルフレでも、「ピエ・イエス」は透明で天国的な世界をもつ。その中でとりわけ、「ジーザス・クライスト・スーパースター」や「キャッツ」の作曲家であるアンドルー・ロイド＝ウェッバーのピエ・イエスの独自の美に、私は心を深く動かされる。

レクィエムでは、正式な式次第が終わったあと、司祭が棺に近づいて唱える「リベラ・メ」（解き放ち給え）や、出棺から墓地までの行列で歌われる「イン・パラディーズム」（天国にて）

までも作曲可能である。ヴェルディのレクイエムにおける「リベラ・メ」は、再び続唱のように激しくなるが、途中のアカペラ合唱や終曲のフーガは秀逸である。一方、フォーレのレクイエムの「イン・パラディーズム」は、まるで天国にいるように美しく光と安らぎに満ちている。

レクィエムの廃止

時がたち、第二バチカン公会議（一九六二〜六五）において、レクィエムのテキストは、「死後の恐怖を不必要に強調することはキリスト教本来の思想から外れている」という理由で、公の典礼からはずされた。死者のためのミサは、現在においては、集会祈願などの祈願文や奉献文の内容が変わるだけで、通常のミサと基本的にはあまり変わらなくなった。

こうやって否定されてみると、続唱に脅かされたり、逆に悪ノリして祈りとは無関係ともいえるド派手な楽曲を生み出したりと、その間の何百年間は一体何だったのかと思ってしまう。ともあれ、これから作曲する人は、特別にレクィエムというカテゴリーのミサ曲を作曲する必要がなくなった。それはそれでちょっと残念ではある。もちろん、従来のレクィエムを（典礼とともにであっても）今日においても演奏し続けることに対しては、バチカンからなんの制約もないし懲罰もない。その代わり、レクィエムという言葉は、もはや典礼音楽を離れて、死を象徴的に扱う音楽として一般的に理解されるようになった。その元祖はブラームスであろう。

「悲しむ人々はさいわいである　その人たちは慰められる（マタイ5・4）」

典礼文とは無関係なテキストを使って、ブラームスは「ドイツ・レクィエム」において「残された者への癒しの音楽」を創作した。二十世紀になると、典礼文に自由詩を挟み込んだ、ブリトゥン作曲「戦争レクィエム」が生まれ、さらに、歌を伴うこともない、武満徹の「弦楽のためのレクィエム」など、作風は多岐にわたっている。

私も、自作のミュージカル「ナディーヌ」という作品で、「愛のレクィエム」という悲しいデュエットを書いた。愛し合う二人の愛が、妖精の国の掟で午前零時に忘却によって突然断ち切られなければならない。その最後のひとときを互いに惜しむ歌。このあと、二人の愛は死ぬのである。だからすでにレクィエムを奏で……。ごめんなさい、レクィエムという言葉に私も悪ノリしちゃいました！

Missa pro Pace と奇跡

自作ミサ曲の誕生

二〇一七年の春から夏にかけて、私は仕事がつまっていてとても忙しく、休日は一日もなかった。そこで、それを全部やりきったあかつきのご褒美として、八月はじめから白馬の貸別荘を十日間ほど借りた。私は、家族で過ごすバカンスを指折り数えながらスケジュールを乗り切った。

待ちに待った出発の朝がやってきた。でも電子ピアノを車に積むことを忘れない。ピアニストの長女はそれで指慣らしをし、私は新しいミサ曲の楽想が湧いてきたときに備えていた。どうしたって音楽から逃れられないのは我が家の宿命。長野県白馬村みそら野にある別荘地。近くには長野オリンピックのときに使われた雄大なジャンプ台がある。

深夜、家族はみんな寝静まっていた。あたりは絶対的静寂に包まれている。私は、ヘッドフォンをしながら電子ピアノで即興的にあてどないメロディーを弾いていた。ふいに手を止める。今、心の中を、やさしく人なつこいメロディーが通り過ぎた気がした。私はまるで湧き出でた泉を掌ですくうようにして、そのメロディーを指でつまびく。こうして私のミサ曲の本当の第一歩が始まった。

その数カ月前から、私の心の中では、東京大学音楽部のOB合唱団であるアカデミカ・コールから依頼を受けていたミサ曲をなんとしても作り始めようというモヤモヤとした気持ちが芽生えていた。このモヤモヤというのは「創造の母」である。しかしその時点では、作曲のコンセプトすら決まっていなかった。

そんなある日、日本武道館で行われたサンタナのライブに出かけた。高校時代に好んで聴いていたラテンロックグループ。あのころ若者のヒーローだったカルロス・サンタナも七十歳。すっかりやさしいおじいちゃんになっていたけれど、ライブは切れ味を失わず楽しかった。それを聴きながら、ふと「ミサ曲はラテン音楽テイストにしようか」というアイデアが降ってきた。あまりに荒唐無稽な考えにとても信じる気になれず、そのまま放っておいた。

それが、この白馬で突然動き出した。新しく生まれ出た旋律は、ミサ曲の終曲Dona nobis Pacem（平和の賛歌）にすっぽり収まりそうな気がした。

突然の通知

　白馬から帰宅後、すぐにお盆を迎えた。私は長男だから八月十三日朝にお盆迎えをしなければならない。それで、このミサ曲が気になりながらも家族で群馬の実家に行った。その十三日、あるメールが届いた。新国立劇場合唱団バス団員の龍進《りゅう》一郎さんからだった。

「突然のメールで失礼します。ご報告させていただきます。実は妻の三佳代が八月十一日の夜半、腹部の猛烈な膨腸感に耐えきれず、救急で緊急入院しました。そして検査の結果、大腸ガンのステージ二であることが判明いたしました」

　優秀なソプラノ団員である三佳代さんは、ソプラノのパートリーダーを務め、さらにワーグナーの楽劇「神々の黄昏《たそがれ》」のヴォークリンデのカヴァーなどを依頼していた。それらをすべてキャンセルせざるを得ない状況だということである。この夫婦は、人もうらやむほどの仲の良いおしどり夫婦であり、さらに熱心なプロテスタント教会の信者である。特に三佳代さんとは帰りの電車の中などでよく信仰の話をしていたのだ。

「なんで三佳代ちゃんが……。神さまは何を考えているんだ」と、怒りにも近い感情が私の心を駆け巡った。私は彼女のために祈った。祈りながら、なぜか思った。新しい曲をとにかく完成させなければと。

そこで妻に「一晩だけ東京に帰らせてくれないか。白馬で生まれた新しい曲がどうしても気になっているので、少しでも形にしておきたいのだ」と頼み込み、お盆の真っ最中に東京の家に一人で帰り、夜中までかかって作曲に没頭した。途中で、「三佳代ちゃん、死ぬなよ!」と何度も強く思い、もはや作曲をしているのか祈っているのかわからない状態になった。次の日の午前中いっぱいかかって Dona nobis Pacem は完成し、私はほっとして群馬に再び戻っていった。

三佳代さんの大腸ガンの細胞そのものは手術ですべて取り去ったが、ガンはリンパにまで達していて、ステージ三であり、転移の可能性が高いと主治医に言われたという。手術後のある日、私は龍夫妻の家を訪れた。彼らの家に上がるなり、「とにかく、祈ろう!」と言って、三人で一緒に祈った。だが恐れていたとおり、ガンは肝臓に転移した。しかし私は、なぜかこのミサ曲を作ることで彼女の病状に関与できるような気がしていた。もっと極端に言ってしまうと、この曲を祈りながら仕上げたならば、彼女の病気は完治するような気がしていた。

十二月中旬、ミサ曲のピアノ・ヴォーカル譜がひとまず完成。そして年が明けると、二〇一八年夏の東京六大学OB合唱連盟演奏会で Kyrie、Gloria そして Dona nobis Pacem を含む Agnus Dei を演奏するため、アカデミカ・コールの練習がいよいよ始まった。

あるとき、三佳代さんが嬉しそうに私に報告に来た。主治医がこう言ったそうである。

「不思議です。肝臓の影がまったく消えたなんてことは、私の経験では初めてのことです。小さくはなっても完全に消えることは普通あり得ないんです」

彼女は、合唱団に完全復帰し、さらに、どんどん元気になっていった。

歌が変わった！

新国立劇場では、毎年次の年度の合唱団員としての契約を結ぶために試演会がある。病気の三佳代さんもオペラ・アリアを歌ったが、私はとても驚いた。彼女の歌が以前とまるで違っていたのだ。国立音楽大学声楽科を首席で卒業したという彼女の声は、元来パワフルでエネルギッシュであるが、歌唱はやや頑張り過ぎの感があった。夫の進一郎さんによれば、彼女は人生においても全力投球型で、何でも完璧でないと気が済まない性格であるという。ところがガンを克服して、良い意味で力が抜けて、とてもしなやかでやさしい歌に変質していたのである。

「今の私は、こうしていのちをいただいているだけで感謝なのです」という彼女に、私は、「そうした悟りに至るために、あれほど苦しい思いをしなければならなかったとしたら、神も酷なことをすると思うけれど、一人の人間があそこまで内面から変化し、こうした愛と平和に満ちた歌が歌えるようになったことは、奇跡以外のなにものでもないと思うよ」と答えた。

「三澤先生や他の方々の祈りの賜物です」、通常ならそんなふうに思われるほどは、と恥じ入るところであるが、今回は違った。私は本当に三佳代さんのために祈った。というか、この曲を作曲するという行為そのものが私にとって祈りであったのだ。

最初は、三佳代さんのいのちに対して祈っていたが、それはしだいに拡大して、〝いのち〟そのものに対しての祈りとなった。私はこの曲に、すべての人間が、至高なる存在から流れ出た〝いのち〟をこの世で輝かせ、その人生の使命を滞りなく全うすることができますように！という思いを込めていた。

同じ時代に生まれ落ちた〝いのち〟が、〝いのち〟を互いに尊重し合い、高め合い、すべての人たちが、人種や民族や宗派を超えてともに手を携えて生きていくことができますように！全世界が真なる平和で満たされますように。それは外面的な争いがないということのみならず、一人ひとりの人間の内面においても完全に実現しますように！この願いが、単なる実現不可能な希望や絵空事ではなく、なるべく早く、現実に、この地球上において成し遂げられますように！という思いを込めた。

ミサは世界平和の実現まで終わらない

三佳代さんが大腸ガンを発症し、緊急入院をしたのが二〇一七年の八月十一日。その一年後の二〇一八年八月十一日には、東京六大学OB合唱連盟演奏会で、作曲中のミサ曲から二十分ほどの部分演奏をした。そこに龍夫妻は来てくれた。そして二〇一九年の八月十一日、私は全曲演奏会にこの夫妻を招待することができたのである。八・一一の不思議な符合には、夫の進一郎さんが気づいていた。

私は彼らに、演奏会のステージに登場してくれないかとお願いした。三佳代さんはとまどったが、「それがもし証しとなるのでしたら」と承諾してくれた。そして、「今の私は、こうしていのちをいただいているだけで感謝です」と言った。敬虔な女性だ。

私のミサ曲はMissa pro Pace（平和のためのミサ曲）という。私は最初、この曲の最後をFesta di Credoのような速くて賛美に満ちた明るい曲で終わろうとしていた。ところが、作っていくうちに、どうしても消え入るように終わるしか方法がなくなった。作っているのは自分なので、どうとでもなりそうな気もするが、そうはならないのが不思議なところ。深夜の自宅でこのミサ曲を作りながら私は不安になった。これは、完成した後、私か三佳代さんのどちらかが死ぬのではないか、とすら思われたからだ。しかし、何度も自分でピアノを弾いてみながら、これはそうではないと確信した。
すなわち、この曲は終わってはならないのである。ずっと、ずっと、永遠に続く平和への希求なのだ。だから、曲の終わったあとの静寂にまで思いを残し続けなくてはならないのだ。そしてさらにそれは〝いのち〟に終わりなどないことをも表現している。般若心経は語る。すべてが不生不滅《ふしょうふめつ》、不垢不浄《ふくふじょう》、不増不減《ふぞうふげん》と。

　ミサの最後では、司祭が「派遣の祝福」というものをする。つまり会衆は、司祭によって聖堂から派遣されるのである。この聖堂内で平和と一致が実現したのだから、今度は世界に出て行って、「平和をつくり出す人」となりなさい、という意味なのだ。

　そして、平和の実現に成功した人、うまくいかなかった人、さまざまな信徒がさまざまな思いを抱えたまま再びミサに集まり、また回心の祈りから始まって、みことばに触れ、聖堂内での平和に向かい、同じ釜の飯を食べて（すなわち聖餐式）平和を実現させ、そしてまた派遣されていく。すなわち「ミサは終わらない」、世界に本当の平和が実現するその日まで。

　それ故に、すべてのミサは「世の終わりまで永遠に平和をめざし続けている」とも言えるのである。

信仰もまた、最も楽しんだ者が

チンドン屋さん

私が子どものころ、よく町の中でチンドン屋さんを見かけた。チンチキチンという打楽器とクラリネットやサックス、トランペットなどの楽器を奏でながら、背中に新しく開店する商店などの看板を背負って、街中を練り歩く。それが大好きで、一度はチンドン屋さんにずっとついていって、帰り道がわからなくなって遅くなり、母親に叱られたほどだった。

私が母に、「あの人たち、毎日あんな楽しいことばかりしているの?」と言ったら、彼女は、「あれはあれで大変なんだよ。お仕事だから」と言う。私は、あのときほどびっくりしたことはない。

「え? あんな楽しいことやってお金もらえるの? じゃあ、決めた! 僕大きくなったらチンドン屋さんになる」

母はちょっと厳しい顔になり、私をたしなめて、「お前ね、お金を稼ぐということは並大抵のことではないんだよ。嫌なことやつまらないこともやらないといけない。面白おかしく生きようなんて軽はずみな考えでいたらいけない。地道にコツコツと生きないといけないんだよ」と言った。

母の言うことはもっともだと思われた。でも、嫌だなあ、つまらないなあ、と思いながら仕事をするなんて冗談じゃない。今、私はある意味、あのときのチンドン屋さんのような生き方をしている。音楽で彩られた毎日が楽しくて仕方がない。これって罪なこと？

失敗を恐れない

キリスト教が、他の宗教を駆逐しながら、これだけ全世界に広まっていった背景には、パウロの神学が欠かせないと思う。

「人類はすべて原罪を帯びている。しかしキリスト・イエスがその罪を贖うために十字架にかかってくれたので、我々は悔い改めてキリストを信じることによって救われる」

罪を突きつけられて否定できる者はいない。そこまで内面に踏み込んだ宗教は、ほかになかったので、人々はそれまでの宗教を捨ててキリスト教に改宗していった。しかしそれ故、キリスト教信者の中には、「罪 ―― 救済」の枠の中から抜けきれない人が少なくないように思われる。特にそれだけだと、マイナスからゼロへの道に留まっていて、大きく魂を飛翔させることが困難だ。

自分の中にもさまざまな罪や、罪を犯し得る弱さがあるのは知っている。それをできるだけ避けなければならないとは思う。でも、私がいざ創造的人生を生きようとしたとき、私の魂はまず自由を欲する。特に、音楽家の私は、そうでないとゼロから無限への道をめざして魂を飛翔させることができないのである。

うぬぼれてはいけないというのもわかっている。でも、多少うぬぼれないと、演奏もできなければ曲を作ることもできない。なぜなら、今や世の中にはすでに素晴らしい演奏や音楽が溢れていて、CDもたくさん出ていて、なにも私がやるまでもないと思ってしまうのだ。つまり、うぬぼれないと、すぐに虚無感や無力感に押しつぶされてしまう。

「私はこの世で生きる価値があるのか?」、これは悪魔の誘惑だ。「この世に生きた足跡を残すことができるか?」、これこそ傲慢だ。足跡なんてどうでもいい。私が現にこの世にいるのだから、それは神に存在をゆるされている証拠だ。要は、そのゆるされている人生で、どれほど自分の心がワクワクしながら生き切るかだと、私は思っているのである。

人と付き合って「傷つけでもしたらどうしよう」、何かがうまくできなくて「人に迷惑をかけたらどうしよう」、人生、心配し始めたらきりがない。でも、もしそんなマイナス指向をもっていたら、クリスチャンだけでなく、普通の人間としても、何も始まらない。最初からうまくできる人なんていない。動き始めたら、失敗や過ちはつきまとうものだ。それを恐れて、動き出すことそのものを躊躇してはいけない。人生は「開き直る」ことから始まる。

あなたがもし水泳を習うとする。「クロールの手はこう掻いて、バタ足はこうやって」と陸上で教わって、「さあ、やってみよう！」と言われて、いざ水に入ったとしたら、あなたは最初から素晴らしく泳げるだろうか。

「泳ぐときには無駄な力を抜いて」と言われる。真実だ。でも本当は、果てしなく無駄な力を入れてみっともなく泳いだあとじゃないと、力は抜けてこないのだ。最初から力が入るのを恐れていたら、そもそも力は入らないけれど前にも進めない。どうしたら力が抜けるかわかるためには、正しく泳ぐことを知らないといけない。この堂々巡りの末に初めて先が見えてくる。

人生も同じことと。私たちは、まるで何も知らないでプールに入るように、ノコノコとこの世にやって来た。知らずに友達を傷つけて痛い目に遭い、そこで初めて、やっていいことといけないことがあることに気がついた。その友達を傷つけた罪は消えない。でも、仕方なかったのだ。どうやっていいかわからなかったのだから。

私だって、振り返って見たら、冷や汗が出ることばかりしてきた。ただ大事なことは、進歩する意欲だけは捨てなかったこと。だからこそ練習しないといけない。水泳でも音楽でも、そして人生においても。もちろん、世の中には意図的に悪いことをしようとか、人を貶めようとか、騙《だま》そうとかしようとする人がいるかもしれない。しかし、私が伝えたいのは、息をするだけでも罪を犯すのではないかとか、人とうまくやっていくのに自信がないため人の前にいくだけで緊張してしまう人に対してなのだ。そういう人に限って、正直で真面目で几帳面で、自分を必要以上に裁き、責めてしまう人だから。

母親は、言葉を覚えたての子どもの言い間違いを、根気よく何度も何度も直す。子どもが正しく言葉を操れるようになるのは、母親の限りない愛情のお陰。では、母親は、子どもの言葉の間違いをいちいち「罪」だと思って責めているだろうか？　答えはもちろん「否」。誤った言葉をしゃべる子どもの姿は、親にとっては、むしろけなげで可愛いと映ってはいないか。だって一生懸命覚えようとしているのだから。もし子どもが途中であきらめて言葉を覚えるのをやめてしまったとしたら、そのときこそ、母親はとても悲しむのではないだろうか。

人間の母親さえそうなのだから、私たちを見守る父なる神が、そうでないはずがあろうか。実は、私の信仰は、そうした父なる神の慈悲を頼りに成り立っているのだ。

進歩の喜びと感謝

進歩したときの喜びを知ることは大切だと思う。大変で大変で仕方なかったものが、ある日突然、案外楽にできたときの、ちょっとした嬉しさを大切にしよう。これまで気がつかなかった美しさに気がついたとき、嫌な奴だと思っていた同僚や上司の良い面を見つけたとき、あるいは人に親切にして、ちょっと感謝されたときの、あの胸のあたりがフワッと浮かんだような気持ちを忘れないようにしよう。

そんなとき、立ち止まってちょっとだけでいいから、「ありがとうございます！」と心の中で言ってみる、どんな小さなことでも感謝する。というよりも、感謝できるような状態に自分自身を置くというのが大切なのだ。要するに、少しずつでもいいから努力して、できない自分からできる自分になってみよう。

「医者を必要とするのは、丈夫な人ではなく病人である」（マタイ9・12）とイエスは確かに言った。けれども、もしあなたが医者にかかっていながら病気を治そうともせず、ただ病院に来て他の患者と愚痴を言い合っているばかりであったら、医者にかかっている意味がない。しっかり医者のいうことを聞き、早く治って、医者に、「ありがとうございました。お陰で治りました」と感謝できるようでないと、医者は喜ばない。その医者とは、もちろんイエスのことである。

私は、雨の日以外は毎朝約一時間の散歩をしている。そのときよく、意味なく、「ありがとうございます！　ありがとうございます！」と小さな声で何度も繰り返しながら歩いている。すると、本当に、いろいろがありがたく感じられてくるのだ。たとえば、「今日の一日を、こうして元気でお散歩と感謝で始められることはありがたいことだなあ」というように。

オーバーに言うと、「ありがとう」という言葉を言ってみるだけで世界は変わる。本人は気がつかないけれど、その瞬間から自分の周りで「ありがとう」で包まれる「しあわせの連鎖」が始まるのである。だから、騙されたと思って、うまくいかなくても、いじめられても、ありがとうと言ってみよう。

うまくいかないのに、「ありがとう」と言うのは愚かなことではない。それは、「自分はこれから、これがうまくいくように努力し続けます」という自己宣言をしているのだ。こういう人を慈悲なる神は助けるのである。また、人をいじめるような心の暗い人は、感謝というものをしていないに違いない。しかし、その人をあなたは心の中で祝福し、その人の幸福を祈り、そして、「その人のために祈れる自分を、至高なる存在に感謝」するのだ。

これが、イエスが言った、「敵を愛し、自分を迫害する者のために祈りなさい」（マタイ5・

44）という言葉の真意だと思う。つまり、そのことによって「あなたはすでに世に勝っているのだ」

イエスは、こうも言っている。

これらのことを話したのは、あなたがたがわたしによって平和を得るためである。あなたがたには世で苦難がある。しかし、勇気を出しなさい。わたしはすでに世に勝っている。

（ヨハネ16・33）

迷ったら損するほうを

そんなわけで私は、楽しく生きてどうしていけない？と思っている。逆に楽しく生きなければ、今のようにはなれなかった。人生の中で迷ったとき、私はいつも自分がワクワクするほうを選んできた。

「人が何かを迷うときには、損するほうを選べ」と言われる。なぜかというと、人が迷うときは、必ず、「打算」と「損得抜きで本当にやりたいこと」の間、あるいは「現状維持」と「冒険」との間で悩むに決まっているからだ。実は私も随分悩んだ。群馬の進学校である高崎高校にいながら、これまで勉強したこととは異なる、そして特別になんの教育も受けていない音楽の道を選んだとき。その次は、国立音大声楽科にいながらスコアの読み方さえ自己流で、人に習ったことがない自分が指揮者への道を選んだとき。でも、今から考えてみると、どうして悩んだのかとすら思える。迷ったときのもう一つの道を選んだら、きっと死に物狂いで努力することもなかったし、ワクワクすることもなかっただろう。

「自分は人より遅れているんだから、人の三倍はやらなければだめだ」とは思った。でも、いざ練習を始めてみると、そんなことも忘れて、楽しくて楽しくて、夢中になって時間がたつのも忘れる。その繰り返しだった。「何にもなれなくていい。でも、一度だけの人生。自分はこれに賭けてみよう！」と思い、気がついてみたら、ずっと音楽家としての道を歩むことをゆるされているのだ。

「今の状態がこういうふうに変わったら、自分は満足するだろう」と思っているあなたに、私は断言する。その日は来ない。今、満足できなければ、あなたはこの人生でただの一度も満足な人生を送ることはできないのだ。

　あなたがアスリートだったとする。そして「オリンピックで金メダルを取ったら自分は満足するだろう」と思っているとしよう。その願いがかなったら、それで本当に満足するだろうか。もしかしたら、数日は絶頂の気分にいるだろう。でもすぐに、空虚感が訪れる。そして、気がついてみると、あなたの前には、すでに二連覇も三連覇もしている人がいて、あなたはその人たちと比べられるようになる。自分の前のハードルがいつの間にか上がっている。すると、あなたは硬くなり、あなたの演技はぎこちなくなる。以前のときのように、何も考えずに天真爛漫に競技していた自分こそが、満足のいく状態であったことを知る。でも、もうあなたは、その状態にはいない。

一位とか二位とかの順位でくよくよするのも、人の評価を気にするからだ。結果は後からついてくる。その結果も、「神のみぞ知る」なのだ。だからあなたは心配しなくていい。神に任せなさい。そして、無理矢理でもいいから、やけっぱちでもいいから、あなたはいつも、「ありがとうございます!」と言っていればいい。

そして長い時がたち、あなたはあるとき、ふと振り返る。するとあなたの後ろに過ぎ去った長い道のりがある。良かったこと、悪かったこと、嬉しかったこと、苦しかったこと。失敗したこと、有頂天になったこと。悩んだこと、悲しかったこと。でも、それらすべてがあるから、現在の自分があることをあなたは知る。

そして、もう一つのことにあなたは気がつく。それは、そんなあなたの道のりに、神がいつも寄り添っていて、母親のようにあなたの失敗も成長も、慈愛のまなざしで見つめ続けてくれていたことを。

それらすべての道のりに感謝する。すると、あなたのすべての過去は金色に輝き始める。あなたは最高にしあわせになる。そう、しあわせになることこそ、人間としての最も尊い義務なのだ。私は、そんな人生を生きたい。そして、そんな気持ちで自分の人生を終わりたい。

第三章

三澤洋史の超主体的音楽論

ああ、ベートーヴェン！

学生時代の思い出

今でこそ順序が入れ替わって、作品全体に漂う揺るぎなき崇高さ故に好きな作曲家ナンバーワンはバッハとなっているが、学生時代、私はベートーヴェンこそすべてと思って崇拝し、毎日レコードを聴き、音楽大学のピアノ・レッスンにはベートーヴェンのソナタばかりを持って行き、ベートーヴェンこそ自分のいのちをささげるにふさわしい作曲家だと信じていた。

音大在籍中、「まるめろ座」という創作オペラ・サークルで一、二年生まで歌手として舞台に立ち、三年生から指揮者となった。その三年生のときの芸術祭（文化祭）で、オペラ公演や学生同士でジャズのフルバンドを組んだりして、フルにエンジョイしまくったあと、音大の庭でみんなと打ち上げをした。調子づいて日本酒を飲んでいくうちに、「あれ、水みたいにどんどん飲めるな」と思った次の瞬間、記憶を失った。目を覚ますと、横たわっている私の上を輪になって、サークルの仲間たちがのぞき込んでいた。

「あ、目を覚ました！」と誰かが言った。私は、なんとみんなに運ばれて、自分の下宿の部屋で寝ていたのだ。仲間たちは、意識の戻らない私を心配して、救急車を呼ぶかどうか迷っていたところだったという。

「でも……」と、仲間の一人が言った。

「この部屋に運ばれてくる間や、ここに寝ている間にも、お前はずっと口を閉じることもなく〝うわごと〟を言い続けていたんだ」

「うわごと？ 何を？」

「お前はひっきりなしに俺たちに向かってベートーヴェンの偉大さについて論じ続けていたのさ。しかもかなり細かく。だから、わざと酔っ払ったフリしているんじゃないかとみんなで言っていたんだ。それにしても、お前はそこまでベートーヴェンに惚れ込んでいるのか？」

人間のすべての要素が生き生きと

今でも私がベートーヴェンを特別に大切に思っていることに変わりはない。なぜなら、ベートーヴェンの音楽の中には、人間の魂がもつすべての要素が入っていて、それを余すことなく表現しているのである。たとえば、もし宇宙人がいて、人類というものを知ろうと思ったら、ベートーヴェンを聴けばいい。バッハだと、崇高な面だけ強調されて買いかぶられてしまうかもしれないから。

人間の肉体性。すなわち荒々しいリズムのもつ肉体的な快感があるかと思えば、それがシンコペーションによってかき回され、まるででこぼこ道を走るトラックの荷台から振り落とされそうなスリルを味わったりする。

ベートーヴェンの音楽には、知性の領域では、特に中期の作品においては、主題の発展と展開の可能性が極限まで追求され、堅固な構築性をもってソナタ形式を完成させた業績を見ることができる。それが後期になると、その巨匠の技を踏まえて、多様性をもつ自由なバリエーションが追求される。

感情の領域では、穏やかでやさしい感情から、快活な感情へ移っていったかと思うと、怒濤のように激しい情熱や、突然の怒りの爆発に急変していく。それらの振れ幅と移行のスピードが、他の作曲家には決して見られないほど大きい。

そしてなんといっても崇高美。それは諦念と隣り合わせの達観の境地のときもあるし、純粋に天の高みから舞い降りてきたような輝きを放つものもある。

アンバランスの中のバランス

そうした表現の多様性をもつベートーヴェンであるが、彼の最も独創的な点を一つ挙げると、「アンバランスの中のバランス」というのがある。

有名な第九交響曲合唱付きの第四楽章で、歓喜の歌がひとしきり歌われたあと、合唱がvor Gott（神の前に）と大音声で伸ばしたと思うと、突然ブチッと終止する。二長調の歓喜の歌がヘ長調の和音で止まるのだ。こんな止まり方をしたら次に一体どんな音楽から始めたらいいのか、常人なら見当もつかないところだ。

一瞬の静寂の後、ファゴット、コントラファゴットの「シ」のフラットの音が、「ブッ」と拍を刻むように鳴り始める。最弱音の大太鼓も伴っている。少しも美しくない。「え？何これ？」と思っている間に、クラリネットの「レ」の音が重なり、それがしだいに変ロ長調のトルコ行進曲に発展していく。そして男声合唱の次に来るのは、まるで海の嵐のような波立つフーガ。ベートーヴェン以外の誰が、こんな展開を思いつくだろうか？

こうした均衡美を破って新たなバランス感覚を獲得しようとするベートヴェン独自の構築性は、彼の性格の中にある粗野な要素からくるのかもしれない。バッハ、ハイドン、モーツアルトの音楽のもつ典雅さとはまったく違ったルーツから、ベートーヴェンの音楽の発想は湧いてきたのだ。

大好きな曲

ベートーヴェンの楽曲についてコメントし始めたらきりがないのであるが、ランダムに列挙すると、まずは悲愴ソナタ（ピアノ・ソナタ第八番op.13）。この曲は、悲愴ソナタという言葉よりは〝青春ソナタ〟と名づけたほうがふさわしいと私は思う。

冒頭の叩きつけるようなハ短調の和音は、すでに老年に入っている私には、ドラマチックというより、自分の運命に酔っている若者というふうに感じられる。「俺って、なんという悲劇の中を生きているんだ！」という感じ。もちろん自分もその年齢のころにはそうだった。「ふん、若造だねえ」とバカにしているわけではない。むしろ懐かしいのだ。そして可愛しい。第二楽章の甘酸っぱいロマンチシズムの中にも、第三楽章の情熱の中にも、青いレモンのようなセンチメンタリズムが紛れ込んでいる。

それが、晩年のハンマークラヴィーア・ソナタ（第二十九番変ロ長調op.106）になると、なんという変貌ぶりだろう。特に第三楽章に顕著であるが、このソナタ全体には、深い諦念と、そこから香り出し、長い年月をかけて熟成した悟りの境地が聴かれる。これこそ、現在の私の心境だ。そして、それ故に「人生は美しい」と、今こそ心からしみじみと思えるのだ。はっきり言って、ピアノ・ソナタは全部好きだ。ベートーヴェンは、ピアノ・ソナタに関しては、生涯にわたって日記のように作り続けたから、彼の人生のその時々の心情が赤裸々に綴られている。初期だから未熟ということはなく、それぞれのソナタは、まさにその時代でなければ書けない作風をもっているし、独自の個性をもっている。

そのひとつひとつを「かけがえのないものとして」私は愛している。好きなソナタを列挙しよう。

＊第一番ヘ短調op.2-1　悲愴ソナタに似て、若き日の情熱。それでいて四楽章の高い構力をもつ。

＊第六番ヘ長調op.10-2　乱暴とも言える楽想の展開が独創的。思わず笑ってしまう。

＊第十番ト長調op.14-2　第一楽章では、右手と左手がまるで親密な対話をしているように進む。この曲を私は、ベルリン芸術大学指揮科の発表会で弾いた。見ず知らずのドイツ人たちが、弾き終わって客席に戻った私をとても褒めてくれたのが嬉しかった。

＊第十四番嬰ハ短調「月光」op.27-2　ロマンチシズムの極み。夢見心地の第一楽章の素晴らしさはもちろんだが、第二楽章が可愛くて大好き。第三楽章の疾走する情熱はベー

トーヴェンの独壇場。

＊第十七番ニ短調op.31-2 「テンペスト」、第一楽章ではめまぐるしく変わっていくテンポ、突然の感情の発露、どれをとっても独創的。第三楽章のアルペジオに乗って歌われるメロディーに胸を熱くする。

＊第十八番変ホ長調op.31-3 変ホ長調だというのに、やっと八小節目になって主和音に辿り着く。第二楽章のスケルツォの乱暴さは笑える。緩徐楽章のない豪快でエネルギッシュな曲。ベートーヴェンのユーモアに溢れた一面を余すことなく伝える傑作。

＊第二十一番ハ長調「ワルトシュタイン」op.53 ヴァイオリンの「クロイツェル・ソナタ」や第三番英雄交響曲と同時期に書かれた大傑作。孤高の気高さをもつ。

＊第二十八番イ長調op.101 この曲をベルリン芸術大学指揮科の入学試験で弾いた。シューマンのようなロマンチシズムへの耽溺が見られ、独自の形式をもつ。

＊第三十番ホ長調op.109 第三楽章の変奏曲が大好き！

幼子のように〜弦楽四重奏曲

ピアノ・ソナタと並んで、iPodに入れて好んで聴いているのが弦楽四重奏曲だ。ピアノ・

ソナタと違う点は、彼の人生においてまんべんなく作曲されたのではなく、初期、中期、後期にそれぞれ集中して作られていること。そのことによって、かえって各時期の作風の違いが際立っている。

たった四人の奏者を使って無駄なく最大限の効果を上げている巨匠の技には、初期の作品にも驚かされる。発想の大胆さはどの時期の作品にも見られる。

その中で、第七番、第八番、第九番（op.59 1.2.3）のラズモフスキー四重奏曲（ロシアのウィーン大使だったラズモフスキー伯爵から委嘱された）の三曲に表現されている、壮年ベートーヴェンのほとばしる情熱の奔流には舌を巻く。また、後期を代表する有名な第十五番「病から癒えた者の、神への聖なる感謝」op.132の崇高美にも深い感動を覚える。でも、私が一番惹かれるのは、最後の第十六番へ長調op.135だ。

これは、すべての感情を描き切ったベートーヴェンが、もう一度、子どもの心境に戻って、無邪気な戯れに興じている姿である。そこには技巧の誇示もなんのてらいもない。無心に遊ぶ子どもの表情がそのままで眩しい美しさを放つように、すべてがありのままにある。これこそ苦悩の人生を生きた末に巨匠の辿り着いた境地だ。

交響曲もいいぞ！

交響曲に対しては、好きというのを超えている。第二交響曲第二楽章の春の日差しのようなやさしさ、第三番英雄交響曲に見られる、そびえ立つ山並みのような壮大さと気高さ、そして第四交響曲冒頭の、ジグザグの模索するようなユニゾンの神秘性や、第二楽章のクラリネットの音色がつくり出すほの暗いロマンチシズム。どれを聴いてもたまりませんなあ。「ダダダダーン」の運命交響曲は、胸ぐらを掴んで「俺の言うことを聞け！」という強引な説得力も凄いと思うけれど、あの極小のモチーフを縦横無尽に使う作曲手法に天才を感じるのだ。でも、人生、あんな第四楽章のような勝利のままで終わるわけがないので、ちょっとわざとらしい感じがする。

九つの交響曲の中で一番好きなのはどれ？と聞かれたら、迷わず第六番の田園交響曲を取る。この曲を聴くたびに、「この人、本当に自然を愛し、内面に感謝の気持ちをもち続けていたのだなあ」と思って、ベートーヴェンという人間を好きになる。とっつきは悪いけれど、内面はとてもやさしい人だったに違いない。ちなみに、第二楽章の「小川のほとりの情景」の楽想が浮かんだというウィーン郊外の小川に行ってみたが、曲のほうがずっと素敵だった。

第六番の次に個人的に好きな曲は第七番だ。第一楽章と終楽章はお祭り騒ぎだけれど、第二楽章には気高い精神性を感じる。第八番はウィットに富み、人間愛に溢れている。

そして第九交響曲の偉大さは、もう桁外れだ。第三楽章の天国的な美しさにすらも背を向けて、より良い世界を築くために民衆とともに歩もうという、ベートーヴェンの理想には胸を熱くしないではいられない。合唱の練習をしていていつも思うのは、この曲を上手に演奏するのはとても難しいけれど、それだけでは不充分なのだ。第九には民衆の熱狂性がないと曲にならないのだ。

交響曲と山田一雄先生の思い出

昔、指揮者山田一雄先生の家に、ベートーヴェンの第一番から第八番までの交響曲をレッスンに持って行って、毎回こっぴどく怒られて帰ってきた。特に第一番交響曲冒頭では、初めてのレッスンで、どう指揮していいかわからず、適当に振り始めたら、「君の動きは指揮なんてもんじゃないね。こうやるんだ」と先生が手本を見せてくれた。「目からうろこ」というのはこういうことを言うのだ。先生の指揮する運動の中に、オーケストラの響きがすべて見えたのだ。

それからの毎回のレッスンの記憶は、この歳になった現在でも私の心の宝である。あの時期に私は、ベートーヴェンの交響曲と徹底的に向き合った。スコアを手書きで丸写しもした。すると、ベートーヴェンが異常に管楽器に三度音程を重ねていて、それがあのベートーヴェン・サウンドをつくり出していることに気がついた。レッスンにはすべてスコアを暗譜して臨んだ。ピアノ伴奏者のためのピアノ譜も自分でスコアから編曲した。自分としては完璧に準備して「いざ出陣！」という意気込みで乗り込んでいった。

第二交響曲の第一楽章。私はスコアを開かず、伴奏ピアニスト相手に得意になって両手を振り上げた。その瞬間、先生はすかさず言った。

「ちょっと待って！この曲の速度記号及び表情記号は何て書いてある？」

私はうろたえた。音符はみんな覚えていたのに、なんと私は冒頭にベートーヴェンが記した言葉を何も覚えていなかったのだ。だから言葉が出なかった。

「ええと……」と言ったきり、重い沈黙。

「君は」と静かに先生はその沈黙を破る。「そんなことも頭に入ってなくて、君は一体、どんな気持ちでこの曲を始めようとしていたの？ベートーヴェンの思いに迫ろうとしなくて、どうしてこの曲を指揮することができるんだい？」

私は、尻尾を丸めた犬のようになって恥じ入ってしまった。

「スコアを開きなさい」

ベートーヴェンの交響曲第二番の冒頭序奏のページにはAdagio moltoと書かれていた。それからAllegro con brioとなって第一楽章らしい軽快な音楽となる。

「adagioはlento(遅い)でもなければmaestoso(荘厳な)でもない。あえてadagioと書いたベートーヴェンの思いに寄り添わないといけない。そこからすべてを始めるんだよ」

ちなみに、一般的に速度記号だと思われているadagioには、遅いという意味はない。「静かに、くつろいで、ゆったりして」という意味であり、まるで森林浴をしているようなのびのびとした気分だ。またallegroにも速いという意味はない。「陽気な、楽しい」という意味で、これにbrio「生気に満ちて、快活な」がつくと、人間で言ったら「明るくて元気な奴」という意味になる。「序奏はゆっくりで、後に速くなる」という薄っぺらな理解では、何も始まらないのだ。

「君は暗譜で振っているんだぞといい気になっているが、そんな程度の暗譜なら、むしろきちんと譜面を見て振ったほうがマシだ」

それでも私は暗譜で指揮するのを止めなかった。第四交響曲のレッスンのときだったと思う。私はソツがないように周到に指揮していた。すると先生は、「ちょっと待って!」と止める。私はちょっとムッとして内心こう思った。「振り方は間違っていないはずだ」

すると先生は、「今、君の頭の中にはホルンが鳴っていないだろう」と言うではないか。

「えっ？」

すぐスコアを開いた。確かにホルンが書いてある。しかし、それは決して目立たず和声の中に溶け込んでいる。だからもちろん、これみよがしに奏者にサインなど出さなくてもいい。つまり私の指揮の運動そのものには問題はない。どうして私がスコアの中からホルンを見落としているのがわかったのだろう？ 先生は、もしかして人の心を読める超能力者？

「拍を数えるのが指揮者じゃないんだ。自分がほしいサウンドを感じ、体を使って表現するのだ。ここでは、和声の中に混ざったホルンが全体の響きを豊かにしている。そのホルンを感じなさい。そうやってベートーヴェンがほしかった音を探るのが指揮者の仕事だ」

私の指揮の中には、確かに和声の豊かさのイメージがなかった。それを感じ取るなんて凄い先生だと思った。こんなふうに私は、あっちこっち欠点を突っ込まれて、ギャフンと思うほどけなされてヘコみ、また「なにくそ」と奮起して、次のレッスンに向かう日々をベルリン留学のときまで続けた。そうやってベートーヴェンの交響曲を自分の指揮法の基礎にさせていただいたことは、山田先生にどれだけ感謝しても足りない。

そのころは、自分なんて箸にも棒にも引っかからないと思っていたけれど、山田先生が亡くなったあと、奥さまとお話ししたら、もの凄い勢いで立ち向かってくる私のレッスンのときには、先生のほうも気を引き締めて、本気出して向かい合ってくれていたそうである。そして、私のことも、実は認めてくれていたのだともおっしゃった。ありがとうございます。その厳しさが〝愛〟だったのですね。

そのかけがえのない体験が現在の自分の音楽観の骨格をつくっていることは言うまでもない。先生のお陰で、今では指揮者が、和声に溶け込んでいるホルンの響きを感じているのかいないのか、手に取るようにわかる。そして、そういうふうにベートーヴェンにアプローチしている指揮者がいかに少ないか、ということもよくわかるのだ。

ああ、ベートーヴェン！　いくら言っても言い足りない！　ああ、あれも言いたい、これも言いたい!!　ヴァイオリン・ソナタ、チェロ・ソナタ、ピアノ協奏曲、ヴァイオリン協奏曲、ピアノ三重奏、オペラ「フィデリオ」、二つのミサ曲……。ベートーヴェンについて語るだけで分厚い一冊の本が書けてしまう。

最後に一曲だけ。私がベートーヴェンのすべての録音の中で一番好きなもの。それは、ウィルヘルム・ケンプの弾く「エリーゼのために」である。こんな可愛らしい曲に、こんな表情がつけられるなんて！　そして、こんな優しい感情が表現できるなんて！

ああ、音楽って本当に素晴らしい！

私の指揮法

実は、最近自分の指揮法が一つの形を成してきたので、指揮法の本を書こうかなと思っていた。でも、よく考えてみたら、私の指揮法は、私個人の音楽的欲求に深くかかわっているため、万人に理解してもらうためには、既製品のような普遍性を獲得しないと絶対に売り物にはならないと思ってあきらめた。

実際、私の指揮の運動にはいろんな要素が入り込んでいる。師匠の山田一雄先生と、ベルリン芸術大学指揮科のハンス＝マルティン・ラーベンシュタイン教授から教わったことは、私の指揮法の根幹を成し、体で言えば背骨の部分となっているが、その後、私はいろんな人の技を盗み、さまざまなものに個人的な興味をもち、勝手に取り入れて今日に至っている。

オイリュトミー

まず一番大きい影響は、ドイツの神秘家・教育家ルドルフ・シュタイナーによって創造されたオイリュトミーから受けている。人智学を創始したルドルフ・シュタイナーは、壮大な世界観をもっていて、教育論、社会改革論、農業論、建築論、医学論と多岐にわたってスピリチュアルな観点から独創的な思想を展開している。

そのシュタイナーとの出会いは、一九八〇年代後半、妻が二人の娘を育てるにあたって、シュタイナーの幼児教育論に触れたことに始まる。一方私は、妻からの影響でシュタイナーの著書を読みあさり、やがて二人とも新時代の舞踏であるオイリュトミーに辿り着く。

バレエなど、従来の舞踏の主流は、音楽の本質にアプローチするというより、むしろ音楽のリズムのみを拠りどころに、自分の技を披露するほうに傾いていったが、オイリュトミーは、音楽そのものの生命に向かう。シュタイナーには、人間が言語を話したり音楽を奏でたりするときに、躍動するオーラが見えていたという。それを視覚化し、舞踏という形で表現するために言語オイリュトミーと音楽オイリュトミーが生まれた。

私は、言語オイリュトミーのレッスンで踊り、音楽オイリュトミーでは踊ったりピアノを弾いたりした。ピアノは、伴奏という受動的なものではなく、舞踏との霊的なコラボである。それが自分の音楽に新たな覚醒を与えた。当然のごとく私はそのイディオムを自分の指揮に取り込んでいった。指揮も究極の身体表現。すなわち舞踏。指揮という行為こそ、「創造の源泉に触れ、それを地上に降ろすイニシエーション」だと私は理解したのだ。

とはいえ、指揮台の上でそのままオイリュトミーを踊るわけにはいかない。オイリュトミーの精神は私の全身に流れ込んでいるが、それを実際の指揮の運動に落とし込まなければならない。その点において、ここ十年ほどの間に大きく関与しているのはスキーと水泳だ。

物理的法則に精通するためのスキー

ここで再び県立高崎高校時代からの無二の親友、角皆優人《つのかいまさひと》君の登場である。彼は一九七八年から一九八六年の間に、全日本スキー連盟フリースタイルスキー選手権大会総合優勝七回の快挙を成し遂げた超人だ。我が国のフリースタイルスキーの草分け的存在で、長野冬季オリンピックのときにはヘッドコーチとして参加している。

彼が私のスキーの先生である。彼は、白馬五竜スキー場で、モーグル選手などを教えるフリースタイル・アカデミーの代表を務めているので、私は毎年何度か彼のレッスンを受けに白馬に行く。

なんでもそうだが、一流の教師について習うと、単なる技術以上のものを得る。彼から一番得たものというと、「重力と遠心力との相克」に対する考え方である。スキーでターンをすると、そこに重力と遠心力がかかってくる。それを操って美しいターンを仕上げ、次につなげていくのがスキーの醍醐味である。モーグルのようにコブを滑走するときは、三次元的な力がかかってきて、ジャンプしそうになるのを吸収動作で避けながら、滑らかに運動をつなげていく。

物理学者は物理的法則を紙の上で計算するが、スキーヤーは生きた肉体を使って体験する。スキーに精通してくるにつれて、私は音楽のもつさまざまな要素のうちの、特に運動性に自分の関心がフォーカスされていくのを感じ、それをすべて「拮抗する重力と遠心力の関係」で読み解くことができることに気がついたのだ。

すなわち、音楽の拍と拍との間に起きることは、スキーで言えば、ターンの最中に起きることと一緒で、微細に変化する放物運動なのだ。そして拍はターンの切り替えに相当する。

この考えを推し進めていくと、拍を叩くだけの指揮の運動は従来のダンスのようであるが、それに対して、拍の間の、ターン弧にかかる力学的関係にフォーカスすることによって、自分の指揮の運動が、「フォルムをなぞりながら霊的衝動に従って舞踏するオイリュトミーの本質」に近づいていくことに気がついてきた。

水泳と響きとの相関関係

また、水泳は腕を使うので、スキーよりも、実際の腕の運動に直接的な影響を与えている。角皆君は、高校時代は水泳部にいて県大会などにも出場したし、近年でもマスターズ・スイミングの全国大会で優勝したりもしているので、私は彼から水泳も習っているが、同時に別の先生にもついている。

皆さんは、指揮者が拍を叩いたら、その瞬間にオーケストラが音を出すと思っているかもしれないが、楽員は打点を見てから音を出すので、実際には打点より少し遅れて音が出るのだ。このタイムラグに新人の指揮者は常に悩ませられる。

しかしながら、このタイムラグの間に、ある動きをすることによって、オーケストラの音色そのものを操ることができるのである。この秘密を、私はベルリン留学時代にフィルハーモニー・ホールに通い詰め、ヘルベルト・フォン・カラヤンの指揮をひたすら観察し、研究することで会得した。さらに、それに磨きをかけるのに最も適しているのが水泳だ。

具体的に言うと、クロールで搔き切った手をリカバリーで頭のほうに戻し、入水して再び搔き始める一連の動きにまず注目する。入水した手は、なるべく真っ直ぐに伸ばすこと。それによって、自分の全身がまるで土管の中を真っ直ぐに進んでいくような感覚になる。そこから、搔き始める手の平を内側に曲げ始め（キャッチ）、ストロークが始まる。水というのは不思議なもので、作用を及ぼすと、反応してくるまで必ずワンクッションある。この時間差と、オーケストラが指揮の運動に反応してくるタイムラグがほぼ一緒なのだ。

大事なことは、入水して伸ばした腕の内側全体に感じる水の流れの感覚と、搔き始めた腕の内側にかかる抵抗の感覚に注意を向けること。それから搔き始めてから、実際に体が進み始めるまでのタイムラグに集中すること。オーケストラの音色は、まさに打点のあとの腕の内側で作るのだ。そして、打点の直後に、多くの指揮者がやるような脱力を安易にやらないで、腕の内側の緊張にオーケストラが響きで反応してくるまで待つことなのだ。この運動がつくるラインと圧は、弦楽器の弓にかかる圧に連動する。管楽器も、レガートの響きが濃密になる。

こうして述べていくと、実に指揮法とは奥が深い。オーケストラから自分のイメージした音色を、運動を使って意図的に出そうとしている指揮者はなかなかいないかもしれない。その数えるほどの指揮者のトップに立っているのが、カラヤンなのである。

皆さんも注意してカラヤンのビデオを観ればわかると思う。彼の腕の内側と、反応するオーケストラの響きに注意してみたら、きっと新しい発見があるだろう。

斎藤メソードについて

さて、我が国には、小澤征爾氏をはじめとして、数々の優秀な指揮者を輩出した斎藤秀雄氏がつくった斎藤メソードなる指揮法がある。この指揮法は完璧なメソードだ。私が指揮者になりたいと思ったころは斎藤メソード全盛期で、このメソードをとおらないでは指揮者になれない、という雰囲気であったので、私も本を買って自分で勉強し、運動を学習してみた。

しかしながら、私は、斎藤メソードを身につけた指揮者の弟子になろうと思ったことは一度もなかった。なぜなら、このメソードが完璧なだけ、これに縛られてしまうという恐れを感じたからである。どんな完璧なメソードでも、そもそもメソードというものは「未熟な者を上手な者にするためのもの」であって、本当に高度な音楽をやりたいと思う人には、反対に障害になることもあり得るのだ。

あらためて振り返ってみると、斎藤メソードは理想的な既製品である。斎藤メソードでは「叩き三年」といって、放物運動のエッセンスのような〝叩き〟と呼ばれる運動をまず徹底的にやらされて、これができないと先に進めない。この運動は実に有用で、オーケストラのアンサンブルがグチャグチャに乱れたときに、叩きをすれば一発で合う。でも、これ自体は非音楽的なので、実際の演奏ではリカバリーのときにしか使えない。

また、〝先入〟など、いろいろバリエーションも豊富だが、とどのつまりは「オーケストラを合わせる」という実用的な目的のための処世術である。もちろん、小澤征爾氏がブザンソン指揮者コンクールに優勝することで世界的な活躍をしていく足がかりを得た背景に、斎藤メソードの存在は欠かせない。

でも、相手にするオーケストラが上手であればあるほど役立たなくなるのも事実だ。ましてや、確固たる音楽的信念をもち、高度なアンサンブルを自分たちで行える能力を有するベルリン・フィルやウィーン・フィルのような超一流オケの前に立ったとき、斎藤メソードはほとんど役に立たない。その証拠に、小澤氏の指揮法はヨーロッパに進出していくにつれて斎藤メソードから離れていった。私がベルリン留学していた一九八〇年代前半に、ベルリン・フィルを指揮しに何度かフィルハーモニー・ホールに来たが、そのときすでに、「あれ？」と思ったのだ。そして彼は現在、指揮棒すら持たないのだ。

しかし、私にとってもっと問題なことがある。それは、反対に、「メソードなんかいらない。要は内面性だ。精神性だ！」という、アンチ・メソード派の指揮者が少なくないことだ。

その中には、何をどう振っているのかも、一体何がやりたいのかもわからない人がいて、オーケストラの楽員たちも困っている場合もある。指揮法というものは、とどのつまり科学なのだ。指揮者は、自分で音が出せない音楽家なのだから、まず自分のアイデアをなるべくクリアに楽員に伝えてこそ成り立つ。だから本来、行き当たりばったりはゆるされない。こう振ればこうオーケストラが反応するという因果関係の解明は、絶対に不可欠な要素なのだ。最終的に指揮者に必要なのは、他でもないその人の〝独創的な音楽〟であり、その音楽に合った世界でたった一つしかない個人的な指揮法なのだ。それは自分で模索し完成させなければならないのだ。既製品は即座にあるレベルに連れていってくれるが、最高のものをつくろうとしたらやはりオーダーメイドに限るのだ。

1、自分の心の中になるべくクリアな音楽的イメージをもつこと。

2、それを実現するための、自分に合った最も能率的な指揮法を探求し、その運動を使って、なるべく無駄のない練習をし、最短距離で本番までもって行くよう努力すること。

私のモットーは、シンプルな二つのことだけである。

アヴェ・マリア

無力感

我が家では、年末になると白馬にスキーに行くのが恒例になっている。二〇一九年の年末は、長女志保の娘で六歳になったばかりの孫娘杏樹が、白馬に着くなり体調を崩してしまった。母親の志保はスキーを断念して杏樹に付き添い、彼女を病院に連れて行ったけれど、ただの風邪ということで帰ってきた。

杏樹は、今年一年でだいぶ背が伸びたので、新しいスキーとブーツを履いて滑るはずだった。杏樹もそれを楽しみにしていて、家で何度も履いて歩いていたが、肝心のこのときに、ゲレンデに出るどころか、熱がどんどん上がり、三日目の夕方計ってみたら三九・九度にまで上がっている。

驚いて、病院に連れて行く用意をしている最中であった。杏樹は、突然手足をバタバタさせたと思うとひきつけを起こしてしまった。娘たちが杏樹の名前を大声で呼んでいるので、ただごとではないと思って駆けつけてみた直後、ちょうど気道がつまって息が止まり、それが十秒以上続いた。

白目を剥き、唇は紫になり、顔色もみるみる変わっていく。その瞬間、もしかして……と、そこにいる誰もが思った。さいわい、間もなく息を吹き返したが、意識はすぐには戻らず、そのまま昏睡状態に陥った。すぐに救急車を呼び、母親である長女と次女とが同乗していった。

私と妻は宿にぽつんと置き去りにされた。何も手につかない。もうプロの手に任されたので、我々にできることは何もない。あとは……。そうだ、祈ることはできるんだ。私は妻に言った。「祈ろう!」

「父と子と聖霊の御名によって」と十字を切り、二人で祈り始めた。私が最初に祈り、次いで妻が祈った。「私たちの主イエス・キリストの御名によって、アーメン」

祈りはすぐに終わってしまった。心はまだ落ち着かない。すると妻が言い出した。

「ロザリオの祈りをしよう」

「そうだね」

そして、妻が先唱してロザリオの祈りを始めた。

ひとしきり終えたとき、車で約三十分離れた市立大町総合病院の娘からLINEがきた。

「高熱による痙攣《けいれん》で、それ以上深刻な病気ではないようです」

それからしばらくして、「検査したらインフルエンザB型でした。注射もして、もう心配いりません。入院の必要もないので、車で迎えに来てくれますか」

妻は、喜んで出かけていった。

母の愛の向こう側に聖母マリアを感じていた

私は、今まで思ったことのない二つのことに気がついていた。一つは、これまでに世界中でどれだけの人が、こんなふうに不安でたまらない思いや、胸がつぶれるほど悲しい思いを抱えながら、このロザリオのアヴェ・マリアを唱えたことだろう。数え切れない人たちの苦悩やはかない望みや、打ちのめされた絶望や慟哭や悲惨さを、この祈りはずっとずっと受けとめてきたのではないか。その歴史がアヴェ・マリアの中に染みこんでいるような気がしたのだ。

主の祈りと十回のアヴェ・マリア、そして栄唱というひとまとまりに要する時間的長さにも意味があることに気がついた。その時間を、こうして唱える祈りではなく、瞑想や黙想で過ごすこともできるだろう。しかし、こうした状況の中で、妻と二人でロザリオの祈りを唱えながら過ごすひとときそのものが、かけがえのない時間と空間であり、その間に私の心は、「大いなるものに包まれている」あるいは「主の家に居る」という安心感と、「妻と信仰をとおして結ばれている」という一致の喜びに支配されていた。同じことを妻も感じていたと、あとで言った。そうこうしている間に、私たちは、「どうなっても我々の運命は主の御手の中にある」という究極の安堵感を手にし、動揺は知らないうちにおさまっていた。

長女が帰ってきた。

「あのときあたし、母親として杏樹のそばにいながら、なんにもしてあげられなかった。こんなに無力なんだなって思い知らされた」としみじみ言う。

「いつも（ピアニストとしての）仕事が忙しくて、ママに任せっきりで全然杏樹の相手をしていられなかったでしょう。でも、ここ二日間、ずっと杏樹と向かい合っていた。スキーはしたかったけれど、それはそれで母親としてしあわせな時間だった。あの息が止まっていた間に、もしものことを考えたんだよ。そのために神さまがこの二日間をくれたのかなって、チラッと思ったけれど、じゃあ、それを受け入れられるかって言われたら、絶対受け入れられっこないけれど」

あとでいろいろ調べてみたら、熱性痙攣を起こす子どもは少なからずいて、多くの場合、いのちには別状ないので、むしろ「あわてないで落ち着いて行動してください」などと書いてあったりする。しかしながら、実際に目の前で息をしていない子どもを見て、あわてない母親などいないだろう。

そして、私は、聖母マリアのことを考えた。こんなときすがるのは絶対聖母マリアに限る。

アヴェ、マリア、恵みに満ちた方、主はあなたとともにおられます。
あなたは女のうちで祝福され、ご胎内の御子イエスも祝福されています。
神の母聖マリア、わたしたち罪びとのために、今も、死を迎えるときも、お祈りください。
アーメン。

良い祈りだ。冒頭の二行は、ルカによる福音書一章二十八節。つまり、マリアに受胎告知をする天使ガブリエルの言葉そのまま。その後の二行は、一章四十二節の、マリアのエリサベト訪問の際にエリサベトが言った言葉。マリアの挨拶に応じて、エリサベトの胎内で後に洗礼者ヨハネとなる子どもが踊ったというところだ。後半は、中世にフランシスコ会修道士によってつくられたと言われている。

「わたしたち罪びとのために、今も、死を迎えるときも、お祈りください」と唱えていると、私はいつも、聖母の前には、自分の弱さも無力さも、すべてそのままに投げ出せるような気がする。死を迎えるときにカッコつけて平静でなんかいられるはずはない。

姉が二人いる末っ子の長男だった私は、甘えん坊で、子どものころから母に愛されて育った。そういえば、私自身も子どものときよく〝ひきつけ〟を起こしたと母が言っていた。彼女はどんな思いで痙攣している私を見守っていたのだろうか？

そうやって愛されていた実感があったから、教義的にいろいろ疑問があってなかなか受洗できなかった自分でも、神の恩寵《おんちょう》と慈愛だけはすぐに受け入れることができたのだ。つまり、私は母の愛の向こう側にそれらを感じることができたというわけである。

今、九十を過ぎた母は、数年前、脳出血したことをきっかけに、地元群馬で介護付き施設に入り、おまけに認知症がかなり進んでいる。私は毎日毎日母親のことを思い、彼女の魂のために祈っている。

母は、私の生き方を見て、キリスト教に興味は示していたものの、残念ながら意識がしっかりしているうちに彼女をキリスト者に導くことはできなかった。その後悔というか無力感が、私をいつも責めさいなむ。

「どうかマリアさま、母を少しでも天国に近いところに置いてください！」

こんなことを祈れる相手といったら、やっぱり聖母マリアしかいないですよね。

聖母マリアの役目

しかしながら、聖母マリアにはもう一つの面がある。彼女はやさしいだけの人ではない。昔から、聖母は世界中のいろんな土地やいろんな人の前に出現し、奇跡の泉によって病者を癒したかと思うと、戦乱の予言や、人類が置かれている危機的状況を告げながら、祈りや断食の必要を説いて廻るアクティブな女性である。

一八五八年、フランスのルルドで聖母の出現と奇跡の泉とを体験した聖ベルナデッタのことを信じてくれなかった神父に対して、ベルナデッタはこう言った。

「あの方は、神父さまにこのように言いなさいとおっしゃいました。Que soy era Immaculada Councepciou. であると」

これは標準フランス語では、Je suis l'Immaculée Conception. で、この言葉の意味は、「私は無原罪《むげんざい》の御宿《おんやど》りです」である。ちなみに当時教会で使っていた「無原罪の御宿り」の正式なラテン語は、Immaculata Conceptio. これを聞いて神父は心底驚き、これはもう信じるしかないと腹を決めたという。なぜなら無学な少女ベルナデッタが、こんな難しいラテン語を知っているはずがなかったからである。

でも、よく考えてみよう。普通、自分のことを「私は無原罪の御宿りです」って、自分で言いますか？　マリアさまって、相当自意識過剰？

そのほか、聖母マリアは、カタリナ・ラブレのところに現れて不思議なメダイをつくらせたり、ファティマに現れて教皇が卒倒して封印するような衝撃的な予言を告げたり、メジュゴリエというところでは、今日に至るまでいまだに出現や超常現象を出し続けている。ちょっと出過ぎじゃないかと思うのは私だけではなく、カトリック信者でさえ、思っているのではないだろうか？

では、どうして聖母は、このようなことをするのだろう。不思議なメダイをつくるなんて商業主義みたいではないか。しかもメダイそのものはペラペラで、ディズニーの製品のほうがよっぽどリッチで本物っぽい。でも、「それでもいい！」とマリアは思っているに違いない、と私は思うのだ。聖母マリアは、捨て身なのだ。出現しても出現しても、それでも人は疑う。何をしても、人間は、「それは裏があるんじゃないの？」と言う。だから普通の人は、そんなに安っぽく出現したりしない。するだけ損だから。

でももし、「自分はどう思われてもいいから、自分をとおして人々の心に信仰心を取り戻せるならば、それでいい。それが私の使命だから」と確信しているとしたら、もうなりふり構わず出てくるでしょう。そんな考え方ができる人というのは、もの凄く高慢な人か、反対にもの凄くへりくだった人か、そのどちらかに決まっている。そして聖母マリアは、間違いなくその後者なのだ。逆に言うと、それだけ人類の信仰心が地に落ち、そうした人類がつくり出した世界が荒廃していて、創造主の思いとははるかに隔たっているため、世界に危機が迫っているということなのかもしれない。

ちなみに、私の長女志保の洗礼名はマリア。次女杏奈は、名前と一緒でアンナ、すなわち無原罪のマリアを身ごもった女性。そして、例の孫娘杏樹（アンジュはフランス語で天使の意味）の洗礼名は、不思議なメダイをつくらせたカタリナ・ラブレである。

関口教会への道

チェレスティーノ神父

二〇一一年四月。私が文化庁から派遣されて日本を離れ、ミラノのスカラ座で四月から三カ月の研修をするのと入れ替えに、カトリック立川教会（東京都立川市）に、イタリア人のチェレスティーノ・カヴァニャ神父が赴任してきた。妻は彼のことをとても気に入って、私が六月末に帰国すると、「今度の神父さまはイタリア人よ。教会においでよ」と言った。

そのころの私は、聖週間とクリスマス、それにたまたま仕事が忙しくないときの主日くらいしか教会に行かない怠け信徒であった。しかし、イタリア滞在中に結構教会に通って、やはりこの国はキリスト教が日常生活の中に脈々と生きているなあと感じて、日本に帰ったらもう少し真面目にミサに通おうと心に決めた矢先のことであった。帰国早々、イタリア人神父とイタリア語で会話できるかなという興味もあり、私は立川教会の主日のミサに出かけていった。

チェレスティーノ神父は、大柄で赤ら顔で、説教は朴訥《ぼくとつ》でありながら心に染み入るものであった。ミサが終わってから、妻が私を紹介してくれたが、彼は私がどんなにイタリア語で話しかけても、頑として日本語で会話するのをやめなかった。通常ならば、母国語で話しかけてくる人がいれば、即座に喜び、特別な親近感を示すだろうに。

私は驚き、どうしてだろうかと考えた。そして唯一の理由はこれしかないのだろう、という結論に行き着いた。ミラノ外国宣教会から日本に派遣されてきた彼は、おそらくそれなりの決心をしているに違いない。すなわち、日本人ときちんと触れあい、気持ちを分かち合いたいと願い、それ故に日本語をとおそうと決心しているのであろう。二〇〇九年に東京教区へ移籍されたのも、日本に骨を埋める覚悟の表れだ。それから私はチェレスティーノ神父から目を離さないでいた。ミサに行く回数も、少しだけれど増えた。

あるとき、また妻が言った。

「そういえば、あなた堅信を受けていないでしょう。チェレスティーノ神父さまに話したら、通常は何度も講座に通わなければいけないのだけれど、とにかく一度会って話したいと言っているの。興味ない?」

堅信かぁ……教会にはあまり行っていないけれど、それでも自分は自分なりに信仰生活は送っているし、残りの生涯においても、自分がこの信仰を捨てる可能性は決してないだろう。その意味では、堅信を拒む理由はない。ただ講座に何度も通う時間がなかったので、これまではあきらめていたのだ。まあ、お話しだけはしてみよう。

そこで、教会にチェレスティーノ神父を訪ねた。今となっては、そこで何を話したのかまったく覚えていないのだけれど、私の信仰心を試すとかそんな感じではなく、むしろお互いリラックスして、とてもなごやかな雰囲気だった。ひととおり話し終わって、別れ際に彼は言った。

「あなたは大丈夫です。なんの心配もいりません。私が責任をもちますから、ぜひ堅信をお受けなさい」

今日の訪問は、ざっくばらんな会話で、これによって神父からあとどのくらい講習会に参加するべきか告げられると思っていた私は、「みんなが参加している講座には、時間が合わなくてあまり参加できません。どうしたら」と言いかけたところ、彼は私をさえぎって、「講座は来なくていいです。あなたはもうすべて理解しています」と言う。

「え？　いいんですか？」と驚く私に、彼はにっこり笑って言った。

「あとは堅信式に来てくれればいいですよ」

こうして私は、二十歳で洗礼を受けて、三十七年後に堅信を受けることになった。現在では、堅信を受けたといって、必ずもうひとつ霊名が増えるというわけではないけど、私は勝手に大好きな聖ミカエルの名前をつけた。洗礼のときの霊名アッシジの聖フランシスコと併せてフランス語風に読むとミッシェル・フランソワだ。うふふ……。

次にチェレスティーノ神父と大きくかかわったのは、二〇一三年夏。

立川教会において彼に長女の結婚式を挙げていただき、その晩、我が家にお呼びして、ささやかなパーティーを行った。

その席で、チェレスティーノ神父は、東京カテドラル（東京都文京区）の関口教会聖マリア大聖堂に設置されているイタリア製のマショーニ・オルガンのことをずっと熱く語っていた。二〇〇四年に新しくこのオルガンをカテドラルに入れたとき、彼は東京教区の事務局長をしていたのである。さまざまな書類上の手続きから始まって、オルガン業者がイタリアから下見に来たり、それから実際に制作にかかったりするのをずっと見届けたと言っていたが、私に「ぜひ一度聴いてみて感想を述べてください！」と言った。

その言葉が頭にずっと残っていた。ところが、その年も終わろうとするある日、なんと私に関口教会聖歌隊指揮者の依頼が来たのである。関口教会とは、マショーニ・オルガンのある教会である。

しかし、本業の仕事が忙しくて、立川教会にもまともに行けていない自分に、そんな大役が務まるような気がしなかった。無理とも思った。でも何かが私を引き留めたのだ。それは、まさにチェレスティーノ神父のあのオルガンを語るときのまなざしであった。これは何かある。私は何はさておき、この務めを引き受けるべきである、となぜか感じた。

山本量太郎神父

山手線目白駅から、目白通りを地下鉄有楽町線江戸川橋駅方面に真っ直ぐ行って、ホテル椿山荘の向かいに位置する関口教会は、正面から入ると、すぐ左の関口会館に東京教区の本部と小教区の信者用のホールや研修室などが同居しており、真ん中に丹下健三が設計したコンクリート打ちっぱなしの壮大な聖マリア大聖堂がそびえ立っている。

聖マリア大聖堂で行われる主日のミサの伴奏には、会衆席の後ろの二階にある例のマショーニ・オルガンが使われている。ミサなのだから聖歌隊席の近くの電子オルガンで十分ではないかと思ったが、一度天上から降り注ぐマショーニ・オルガンの音色の素晴らしさを体験してしまうと、もうそれなしでは考えられなくなってしまった。ただ、それ故に合わせるのは難しい。聖堂は巨大なので、聖堂内いっぱいに広がって座っている一般信徒と、前方内陣に向かって右側に席がある聖歌隊、そして後方のオルガンを合わせるためには、指揮者の存在が不可欠である。

私の前任者は町田治さん。ミサ曲や典礼聖歌の作曲もしている作曲家である。国立音楽大学の後輩で、在学中からよく知っていた。私は声楽科に席をおいていたが、指揮者になりたくて、作曲科の生徒が履修している増田宏三教授の厳格対位法の授業を取っていた。その増田先生に頼み込んで、作曲及び指揮の内弟子にしてもらい、さらに先生が行っていた作曲科必修の管弦楽法の授業に紛れ込んで、発表のときには生徒の作品をオーケストラで指揮させてもらったりしていた。それなので、町田さんは、ごく最近まで私のことを作曲科の生徒だと思い込んでいた。私は、国立音楽大学というユルーい環境を利用できるだけ利用したというわけだ。

関口教会では、第二バチカン公会議以来、新しい日本語の典礼音楽の運動にかかわってたくさんの聖歌を作曲している新垣壬敏《あらがきつぐとし》氏が、聖歌隊指揮者として二十年間務め、その後町田さんが二十年間務めたという歴史がある。

町田さんの後任として私を呼んでくれたのは、当時関口教会の主任司祭であった山本量太郎神父。山本神父は、奇しくも幼少時代から立川教会所属であった。しかも、私の故郷の群馬県高崎市新町で燃料屋を営んでいる親戚がいて、子どものころはよく遊びに行っていたという。世の中は狭い。神学校時代には、我が国における典礼聖歌編纂の中心人物であった髙田三郎氏の薫陶を受け、典礼音楽に対して特別に詳しかった。私は彼からどれだけたくさんのことを学ばせていただいたかしれない。

山本神父がミサを司式するときには、最初から最後まで完全な歌ミサを行った。彼の声はオペラ歌手のように大きくはないが、とても透明で澄み切っていて、それが聖マリア大聖堂で響き渡るとき、驚くべきことに、彼の実声の一オクターブ上のソプラノの声が倍音《ばいおん》として大きく鳴り響く。私は最初、誰か女性が一緒に歌っているのではないかと勘違いしたほどだ。

白状すると、私はそのときまでカトリックのミサを形式的なものと感じることもあった。しかし、山本神父の歌ミサを経験し、彼からそれぞれの所作の意味や、聖歌を始めるタイミングなどを教わって実行していくうちに、初めて、セレモニーとしてのミサの意味を理解することができた。ここまで徹底して歌ミサをやると、一つの大きな祈りの想念の流れが生まれ、あの広い聖マリア大聖堂に満ちる会衆たちの思いが集まり、そこに聖霊が風のように吹き渡っていくのが初めて目に見えるように感じられたのだ。

山本神父は、二〇一四年の復活祭以降から私に聖歌隊指揮者として着任してほしかったようだったが、私はその年の二月ごろからぼちぼち関口教会の主日のミサに通い始め、聖歌隊に混ざって町田さんの指揮に合わせて聖歌を歌っていた。聖歌隊の人たちと馴染んでからということもあったが、聖マリア大聖堂で山本神父が司式するミサの聖歌隊で指揮するということはどういうことかを、肌で感じてみたかったのである。

この聖堂には特別な気が流れている。それに触発されて、そのころから私の感性に少しずつある変化が見られてきたのだ。その変化がどこに向かうのか、これもあわてずに見極めていきたかったのだ。今から考えると、その時期、私の魂は、自分の殻を少しずつ破ろうとしていたように思われる。

そうこうしているうちに、夏が過ぎ、秋も深まってきた。山本師はしびれを切らして、私にこう言い渡した。

「三澤さん、待降節からぜひお願いします！」

そこで私も覚悟を決めて、二〇一四年十一月の最後の週からミサの指揮を始めた。この山本神父との歌ミサのコラボは、私の生涯の宝であり私の人生を変えた。マショーニ・オルガンの柔らかい、それでいてパワフルでもある音色と、山本神父や会衆たちの歌とが混じり合ったときの、あの夢のような空間に、私は指揮しながらしばしば我を忘れた。

私も、そうした典礼音楽を指揮するために最もふさわしい運動やフォームを模索し始めた。

それは、通常のオーケストラや合唱を指揮するときとはまったく異質の要素を求められる。

こう書くと誤解を受けるかもしれないが、ミサの中で典礼音楽の指揮をしながら、私はしだいに気がついてきたのである。私がしているのは、会衆の祈りの気（霊）を束ね、天上に届けることではないか、と。

そして、もうひとつ気づいたことは、音楽的にもタイミングや音程が合い、みんなの気持ちも一つになったときには、「何かが聖堂内でうごめいている」ということだ。うごめいているといっても、魔物や妖怪ではない。その反対だ。すなわち崇高で暖かくて光り輝くもの、聖霊だ！ そして私の魂は、ついに殻を脱ぎきった。

とにかく関口教会で典礼音楽の指揮をする体験がなかったら、今の私もないし、この本も生まれなかった。考えてみると、私が関口教会に来るまでの道にはいくつかの伏線があり、私はここに来るべくして来たのだと思う。そのきっかけは、紛れもなくチェレスティーノ神父との出会いである。しかし残念なことに、チェレスティーノ神父はすでにこの世にいない。彼は、長女の結婚式の司式をしてくれた年、すなわち二〇一三年の暮れから体調を崩し、二〇一四年の復活祭を待たずして他界してしまったのである。本当は、こうした関口教会での三年半にわたる体験を、一番話したかったのはチェレスティーノ神父であった。

本当に感謝している。いつか、彼の地でこのことを笑いながら語り合いたい。私の人生は、このように一期一会の出会いに満ちている。

天上の輝きを求めて

滝沢ともえさんのこと

東京カテドラル関口教会の聖歌隊のメンバーに滝沢ともえさんという女性がいる。すでに高齢で、残念ながら寝たきりになってしまい、現在では教会に通うこともできずに介護付き施設に入っている。実は、彼女は『カトリック典礼聖歌集』の三一三番「静かに流れる水のように」や三二八番「揺らぐことのない主の道」の作詞者である。

静かに流れる水のように
すべてをあなたにゆだねます
祈りのうちに今日の日も
すべてをあなたにゆだねます

野に咲く小さな花のように
すべてをあなたにゆだねます
喜びのうちに今日の日も
すべてをあなたにゆだねます

み空に飛び交う鳥のように
すべてをあなたにゆだねます
感謝のうちに今日の日も
すべてをあなたにゆだねます

とても自然でありながら、深い信仰心がひしひしと伝わってくるような歌詞だ。私が関口教会に通っていたころ、滝沢さんは、私が目の中に入れても痛くないほど可愛がっている孫娘の写真を私のホームページからダウンロードし、携帯電話の待ち受け画面にしてくれていた。「お孫さんを、あんなふうに可愛がってらっしゃる先生が好きなんです」と言って、毎回私の聖歌隊の練習を楽しみにしてくれていた。

現在、私は時々、滝沢さんの施設を訪問する。そして行くといつも反対に彼女から元気をもらって帰ってくる。腹水がたまっていてお腹が大きくなっていても、取り除くと逆に生命の危険があるというので、もう二年近く一度もベッドから起き上がったことがないというのに、泣き言一つ言わないどころか、どうしてあんなに穏やかで満ち足りた顔をしているのだろう。いつもロザリオを手元に置いて祈っている。彼女を見ていると、これこそ信仰の成せる業なのだと教えられる。

臨死体験

先日のことである。滝沢さんが大きな心臓の手術をしたときのことを語ってくれた。

「主治医の先生の話では、手術中、私の心臓は何秒間か止まってしまったそうです。でもその瞬間、私の意識は、『主よみもとに近づかん』の美しい合唱を聴きながら、どんどん上にあげられていって、もう何とも言い表せないような清らかで輝かしい天国の入り口にいたのです。本当に至福のときってこういうことを言うのでしょう。

でもね、そこに入れるかなと思った瞬間、私はいきなり下に戻されたのです。まさにそのとき、先生が行ってくださった心臓マッサージが功を奏して、私の心臓が再び動き出したそうですけど、先生の話では、心臓が止まったときの私の顔はとってもしあわせそうだったのに、動き出した途端、とっても嫌な顔をしたそうです」

最後は笑いながら話した滝沢さんの言葉を聞きながら、私は宮沢賢治の「銀河鉄道の夜」を思い出していた。『カトリック聖歌集』六五八番に収められている「主よみもとに近づかん」は、かつてタイタニック号が沈没したときに、沈み行く船上でバンドのメンバーが最後まで演奏し、それに合わせて乗客が歌っていたといわれる曲だ。その話をモデルにして、賢治は、銀河鉄道に乗ってきたひとりの乗客の体験を書いた。

船が氷山にぶつかって一ぺんに傾きもう沈みかけました。（中略）どこからともなく三〇六番の声があがりました。たちまちみんなはいろいろな国語で一ぺんにそれを歌いました。

それから、天国へ行く駅であるサウザンクロスのあたりの描写は、まさに滝沢さんが体験した天上の入り口に近い。

「ハレルヤ、ハレルヤ」明るくたのしくみんなのこえはひびき、みんなはそのそらの遠くから、つめたいそらの遠くから、すきとおったなんとも言えずさわやかなラッパの声を聴きました。（中略）そしてその見えない天の川をわたって、ひとりの神々しい白いきもの人が手をのばしてこっちへ来るのを二人は見ました。

その話を私は滝沢さんにしたが、彼女はポカンとしていたから、彼女がその話を真似して話したりしているとは思えないし、第一滝沢さんはそんな人ではない。

むしろ心配そうに、「私は、あの素晴らしい世界には、入れさせてもらえない、ということなのかしらね？　引き戻されちゃったから。きっと煉獄でとっても苦しむんだわ」と言うから、「入れさせてもらえないような人は、その素晴らしさを味わうことすらゆるされないでしょう。滝沢さんが、この世の生を終えたら、間違いなくそこに行くのですよ。ただ、まだそのときではないということです」

「そのときではない……。私にはまだ罪の償いが足りていないのかしら？　それともまだ祈りが足りないのかしら？」

「いやいやそういうことではないです」

思わずうろたえて答えながら、あっ、と思ったことがあった。現に私がこの話を聞いているではないか。むしろ私が証し人になって、この話のことを書き、この物質社会において、霊的世界が存在することを人々に告げていかなければならないのではないか。だからこそ、いか。

滝沢さんのことだけでなく、最近私の周りにこうした不思議ことがたくさん起きるのではな

また、賢治の「銀河鉄道の夜」という作品に表現されているこれらの描写は、賢治自身もいわゆる臨死体験に似た体験をしたことの証明だ。法華経の信者だった賢治は、彼の親友であり、キリスト教に傾倒している保坂嘉内《ほさかかない》を法華経に引きずりこもうとしたあげくに失敗し、賢治は保坂とやむなく決別する。この小説の中で、主人公のジョバンニは、親友のカムパネルラと別れてしまうが、カムパネルラは保坂なのである。しかしながら、賢治は保坂の信じているキリスト教を、本当は霊的に受けとめ、理解していたのだと初めてわかった。でなければ、サウザンクロスの描写は決して書けない。

「滝沢さん！　それがすべてではないだろうけれど……、滝沢さんが引き戻された原因の一つは、もしかしたらその体験を、滝沢さんが僕に話すことにあったのかもしれない」

「どういうことですか？」

「今度、ドン・ボスコ社から僕の本が出るんです。この話、その本に書いてもいいですか？」

「ええ？　もちろん構いませんよ。でも、こんな話、面白くないでしょう」

「いや、きっと書くべきなんだ。でもさぁ、書いたら神さまが満足して滝沢さんが死んじゃったりしたら嫌だなあ」

「いいですよ。私のいのちはすでに神さまの御手の中にあります。むしろ何でこんなになっても生きているのだろうって思っているくらいだから」
「動けなくてもね、祈るだけでも人は生きている価値があるのですよ。世界が平和であるように祈ること。それだけでも、かけがえのない素晴らしいことです。それなのに、それが何も生み出さないといって価値を認めない世界のほうが間違っているのです」

音楽が見せてくれる霊的世界

私がなぜ、滝沢さんがこの世の生を終えたあと、彼女がかいま見た世界に行けるのか確信をもてるのかというと、実は、私もすでにその世界を予感しているからである。その予感は、ほかならぬ音楽から得ることができるのである。

昔、小澤征爾さんがこんなことを言っていた。

「美しい音楽に触れていると、ああ、天国もきっとこんなふうに美しいのだろうなあと思えるんだ」

崇高な音楽は、まさに天国の香りを生きながらにして我々に知らせてくれるのだ。それこそが音楽の力。だから私の魂は、自分が死んだあと、あのたとえようもなく崇高な世界に行けることを確信している。

不思議なことに、「同じ音を聴覚的には聴いている」にも関わらず、それぞれが受け取っている音楽は、各自の心によってまったく異なって感受されているようだ。そして、そこから得る感動の種類も、人の数だけあるようだ。これこそ、音楽が霊的な芸術である証拠だ。

私は新国立劇場合唱団の指揮者としてオペラの世界で働いているので、いろいろな感想を聞く。

「レオンカヴァッロの『道化師』Pagliacci で、カニオの歌う『笑え、道化師よ』Ridi, pagliaccio のアリアを聴いていると、胸をかきむしられるような感動を覚えるんです。本当に素晴らしいですねえ」

それには私も同感である。一方で、こんな感想も聞く。

「ワーグナーの楽劇とか聴いても、まったくチンプンカンプンでどこがよいのかわからないんですよ」

おそらく、こう言っている人にワーグナーの音楽を理解させるのは難しい。これはいい悪いではなく、その人の魂にはワーグナーの音楽は響いてこないのだ。だから音楽は正直なのだ。

バッハとワーグナー

おそらく高校生のころ、私が音楽に傾倒し、それが宗教への傾倒と連動していたのは、私が音楽の中に天国を感じたかったからだと思う。一部の人間にしか与えられない滝沢さんのようなビジョンを、私は音楽の世界で感じ取り、それを得ようと努力することによって霊的世界にアプローチしてきた。そして、行き着いた先に、私が最大限の賛辞をささげる作曲家が二人いる。それがバッハとワーグナーなのだ。

私は、周りの人たちによく言っている。

「僕が死んだら、バッハのロ短調ミサ曲から終曲 Dona nobis Pacem『我らに平安を与え給え』をオルガン伴奏でいいから、僕が関係した人たちみんなで歌ってください」

この音楽こそ、崇高な音楽の極みであり、天国の輝きの描写である。まさに滝沢さんの言っているような天上的世界を、「生きながらにして」かいま見ることができる稀有なる音楽なのだ。もし可能ならば、私は、みんなが自分を偲んで歌ってくれるこの曲の演奏の最中に、神に頼んで、私から、何か「僕は死んでもここにいるよ」というサインを送れないかな、と思っている。

それから、私が指揮者としていろいろな音楽を指揮してきて、霊的に最も高い境地にあると感じた音楽は、ワーグナーの最後の作品である舞台神聖祝典劇「パルジファル」である。この第一幕の神殿への転換音楽とイニシエーションの場面、それから終幕の霊的法悦感は何にも代え難い。

この音楽を聴くだけではなく、演奏することをゆるされている自分は、なんと恵まれているのであろうかと、ひたすら神に感謝しながら、私はタクトを静かに降ろした。演奏していたのは、愛知祝祭管弦楽団という団体だ。二〇一三年に愛知芸術文化センターのコンサートホールで「パルジファル」を上演し、名古屋ペンクラブ賞をいただいた。アマチュアながらワーグナーの楽劇を上演するこのオーケストラで、先日は、四年間かけて上演してきた壮大な楽劇「ニーベルングの指環」四部作を完結させた。この演奏会は第三作目の楽劇「ジークフリート」から、発売一週間でチケット完売する「行列のできるオーケストラ」になり、当初からワーグナー協会の会報誌や音楽雑誌などでも最大限の評価をいただいている。

この愛知祝祭管弦楽団のワーグナー・シリーズは、いつまで続くかわからないが、あとに「ローエングリン」や「トリスタンとイゾルデ」などが控えている。そして、最後の演奏会には必ず、再び「パルジファル」を上演しようとみんなで言い合っている。

そのとき、私が一体どんな心境でこの作品に臨めるのだろうか？　はっきりわかっていることは、私の霊性の覚醒の分だけ、私の紡ぎ出す音楽の清らかさと崇高さが増すであろうということだ。今の私は、それを目標に、日々の精進を行っている。

今、心から伝えたい思いを「あとがき」として

実は、普通の「あとがき」を書いていたが、どうしても書き換えなければならなくなった。というのは、新型コロナ・ウィルスの感染が、世界中に蔓延し、あっという間に全地球規模で未曾有の危機的状況をつくり出したからだ。安倍晋三内閣総理大臣は、国民に対して緊急事態宣言を発し、さらに五月のゴールデンウィーク後も延長に踏み切った。私が新しい「あとがき」を書いているのは、そんな直後の週末。

これまで私は、こんなときにこそ音楽、あるいは、こんなときにこそ信仰、という自負をもって生きていたが、それが何の役にも立たないことを今回ほど思い知らされたこともない。人がたくさん集まるイベントは、むしろ大勢の人々を一気に感染させる機会を提供してしまうという理由で、音楽家も、そして教会ですら、社会において最も無用なもの、あるいはそれ以上に、むしろ害悪とすら受け取られてしまっている。

私が指揮棒をしばらく持たないだけではない。教会もその扉を閉め、信徒は長い間ミサに

あずかっていないし、聖歌も聖堂の中で響き渡っていない。聖徒の交わりは、聖週間や復活祭ですらかなわなかった。

そんな閉塞感に包まれているとき、あるYoutubeの映像に出会った。それはロビー・ファッケレッティというイタリアのシンガーソングライターがステファノ・ドラツィオの詩に作曲したRinascerò, rinascerai（僕はよみがえる、君もよみがえる）という曲である。

ファッケレッティたちは、この曲の版権を、北イタリアのベルガモにある教皇ヨハネ二十三世病院に譲渡し、この映像をクリックするだけで、寄付金がその医療団に送られるシステムになっている。映像は三月終わりにアップされたが、一週間もたたない間に、全世界で一千万件ものアクセスがあったという。

その動機も素晴らしいが、なんといってもその歌詞と音楽に心を奪われた。そして、そのお陰で、くじけそうになっていた私の勇気は、再び奮い立ち、どんなときも、音楽のもつ根源的な力を疑ってはならないと教えられたのだ。

僕はよみがえる　君もよみがえる

Rinascerò, rinascerai

僕はよみがえる　君もよみがえる

すべてが終わってしまうとしても
僕たちはかえってきて　再び星を見いだすだろう
僕はよみがえる　君もよみがえる
嵐が僕たちを打ちのめし　屈服させたとしても
完全に破壊することなど　できはしない
僕たちは　運命と闘うために生まれてきたんだ
そしてどんなときも　勝利してきたのは　僕たちのほうだ
(今遭遇している)これらの日々は　僕たちの日常を変えるだろう
今回は　よりたくさんのことを学ばせられるのだろう
僕はよみがえる　君もよみがえる

僕はよみがえる　君もよみがえる
大空に抱かれよう　神への信仰に立ち帰ろう
沈黙の中　人は新しい大気を呼吸するだろうが
この街では　まだ恐怖が僕を襲っている
でもね　僕たちは運命と闘うために生まれてきたんだ
そしてどんなときも　勝利してきたのは　僕たちのほうだ

この詩の素晴らしいところは、いきなり冒頭でQuando tutto sarà finitoという言葉が出てくることだ。これはもちろん「究極的な危機が訪れても」というふうに現世的な意味に訳すこともできようが、素直に訳すと未来完了形で「すべてが終わってしまうであろうとき」という意味であって、つまり死をも見据えているのだ。さらに、「僕たちはかえってきて、再び星を見いだすだろう」も、現世と来世との二重の意味を感じさせられる。

考えてみると、イエス・キリストこそ、現世的にはtutto è finito「すべてが終わってしまった」人間であった。しかしながら、それは、超現実的な意味からすれば、終わりなどではなく、むしろ救いと希望のはじまりであった。

また、「僕たちは運命と闘うために生まれてきた」という言葉にも勇気をもらうし、さらに「どんなときも勝利してきたのは　僕たちのほうだ」と言い切ることに希望が与えられる。すなわち、死ですら敗北ではないし、たとえ死ぬことになっても僕たちは勝利する。また勝利しなければならないのだ。

では、いったい何をもって勝利というのかという問いであるが、それもこの歌詞の中に答えがある。すなわち「大空に抱かれよう」であり、「神への信仰に立ち帰ろう」なのだ。つまりそれは、至高なる存在を信じ続け、どんなときも希望を抱き続けるならば、そんな僕たちを包み込むのは、ほかならぬ至高なる存在そのものという真実だ。

信仰、希望、愛は、どんなときも失ってはいけない。そのどんなときの中には、苦しむときも、死ぬときも含まれるのだ。つまり私たちは、ただ肉体だけが無事であることを求めるのではなく、どのような心を抱き続け、いかに人生を生き抜くかを問われているのである。

この曲に勇気をもらった私は、いても立ってもいられなくて、ただちにYoutubeから直接採譜し、まずピアノ伴奏によるソロ用の楽譜を作成した。それから、ある程度の能力のある合唱団用、そして、教会でオルガン伴奏で歌えるためのシンプルな合唱譜という三種類の楽譜を作った。教会バージョンでは、日本語の歌詞をあてはめてみた。

それから私は、ファッケレッティのホームページにアクセスして、曲の素晴らしさを讃えるとともに、その編曲を使用する許可をお願いした。すると、あろうことか、同じ日のうちに、ファッケレッティ本人から、とても心のこもったメールが届いた。

こんにちは、マエストロ
あなたのメールを読んで心から感動しました。

とても嬉しかったのは、この曲を聴いて、僕と同じ感情をもってくれたこと。

それはまさに僕がこの曲を書いた感情なのです。

またこの曲の編曲をしてくれて、この曲をいろんなところで使ってくれることも、喜んで了承します。できれば僕も聴いてみたいので、演奏したら映像とか送ってください。
また、その編曲に触れた人たちが、Youtubeのオリジナル映像にアクセスして、クリックしてくれるよう計らってくれたら、もっと嬉しく思います。

いつの日か、再び聴衆の前で、ライブの音楽を演奏する機会に恵まれたとき、私が真っ先に演奏したい音楽は、ほかならぬこの曲だ。この曲は、私の魂における「いのちの恩人」である。この歌詞に表現されているように、そのあかつきには、我々の世界はいろんな意味で変わっているに違いない。いや、変わっていなければならない。でも、大事なことは、どのように変わっているのか、ということだ。

猜疑心と絶望とエゴイスティックな心が全世界に蔓延し、世界がそちらの方向に舵取りをしてしまったとしたら、我々はこの災難から何も学ばなかったということになってしまう。では、世界は一体、どのようになったら理想的なのであろうか？

そこで、もうひとつの曲を紹介したい。これはもうかなり前に発表された曲で、私が大好きなイタリア人の女性ポップス歌手、ラウラ・パウジーニの「わたしが夢見る世界」という曲だ。

わたしが夢見る世界　Il mondo che vorrei

幾度考えたことだろう
わたしの生きている世界は　今　堕ちていっている
狂気と偽善の海の中で

幾度望んだことだろう　わたしだって
わたしの世界で　助けたかった
すべての苦しんでいる人を
たとえばあなたのような人を……

わたしが夢見る世界
それは千の心をもつ
鼓動し　さらにたくさんの愛を抱くために
わたしが夢見る世界
そこには　明日の子どもたちのための千の手と千の腕がある

子どもたちの瞳は　もっと求め　そして　あなたをも救う

太陽が同じであることを信じられるのは　誰のため？
人種の違いも　肌の色の違いもないんだ
ほかの神さまを信じていたって　わたしと同じ人間さ
微笑みの中で　希望をもてるのは　誰のため？
明日があることを確信できるからこそ　人は決断できるんだ
あなたと一緒に

わたしが夢見る世界
そこでは　大砲ではなく　花が放たれ
もう戦場の音を聞くこともない
わたしが夢見る世界
そこでは　正しいことがまかりとおる
戦争に代わって
子どもたちの瞳は　もっと求め　そして　あなたをも救う

なんで、こんなところに留まっているの？　頑なになって！
成長することを決してゆるされないこどもたちに対して　なんで無関心でいられるの？
知っていながら　変えようとしないなら意味ないじゃない
世界に平和を贈ろう　もう待てないんだ
わたしが夢見る世界　Uh Uh Uh

わたしが夢見る世界
そこでは　みんなの心はひとつになるんだ
わたしが夢見る世界
それは〝愛〟と呼ばれる
手をしっかり握り合って　夢見る世界を感じよう
Uh Uh Uh　夢見る世界

この曲を聴くだけで、私はいつも泣いてしまう。そして思う。なぜ、こんなに胸がときめき高鳴るのだろう？　そしてなぜ、「こうしてはいられない！」と自分の使命感が熱く燃え上がるのだろう？

もしかしたら、私のＤＮＡの中には、「このような素晴らしい世界が本当に実現するために、お前は平和をつくりだす人として働き続けなければならない」という命令のようなものが埋め込まれているのかもしれない。いや、私だけではない。みんな気がつかないだけで、本当はそれぞれの人のＤＮＡの中にもあるに違いないと私は信じる。

だれかがあなたの右の頬を打つなら、左の頬をも向けなさい。（マタイ５・39）
敵を愛し、自分を迫害する者のために祈りなさい。（同５・44）

私をかつて受洗へと導いた、この正気とも思えないようなイエスの言葉の真意は、自分が率先して負のスパイラル（連鎖）の流れを断ち切り、愛のスパイラルを起こすきっかけをつくれということである。エゴイスティックなモチベーションと行動からではなく、愛からすべてを始めよ、ということである。

とどのつまり、イエスが主張していたことは絶対的博愛精神に尽きるのだ。そしてその先にイメージするべきなのは、まさに「私が夢見る世界」で語られるような理想的社会なのだ。互いを隔て、対立し、差別し合う世界ではなく、人々とつながり、無条件で受け容れ、どこまでもゆるし、愛に溢れた世界。それこそが、現代人の我々に最も欠けているものなのではないだろうか。

「夢見る世界への実現に向けた一歩を、あなたから始めよ」と、イエスは常に喩えで語っている。いや、福音書の中からイエスの言葉をずっと拾っていくと、彼は、それしか語っていないのだ！

こんなときに歌を歌ってる場合か、ではない。こんなときだからこそ、歌が、音楽が、祈りが、愛が本当に大切なのだ。そして……そして、ポスト・コロナの時代では、今度こそ実現しますように、と私は強く強く願ってやまない。

憎しみではなく愛の世界が
争いではなく許し合う世界が
分裂ではなく一致する世界が
疑い合うのではなく信じ合う世界が
誤りではなく真理の世界が
絶望ではなく希望に溢れる世界が
闇ではなく光の世界が
悲しみのない喜びの世界が
今度こそ！

ここまで読んでくださった読者のみなさん！ ぜひポジティブな世界観と希望をもって、力強く人生を歩んでいってください。

この本が世界に受肉することをゆるされた背景には、ドン・ボスコ社編集者の金澤康子さんの熱意と努力が欠かせない。この場を借りて深い感謝をささげる。
また、私よりも三歳若いながら、初めて教会に足を踏み入れたときにすでに信仰の面では大先輩で、現在に至るまでそうであり続けている、そして、私の欠点をすべて知り尽くしている愛する妻に、この本を心からささげたい。

二〇二〇年五月九日

三澤洋史

本書に出てくる偉大な音楽家

ジョヴァンニ・ピエルルイージ・ダ・パレストリーナ

Giovanni Pierluigi da Palestrina（1525〜1594）

ルネッサンス期に活躍、多くの無伴奏合唱礼拝曲を作曲した教会音楽の大家。いくつもの声部が複雑に絡み合いながら滔々と流れていく彼の音楽は、パレストリーナ様式として定着し、その後の多くの作曲家の模範となっている。

クラウディオ・ジョヴァンニ・アントニオ・モンテヴェルディ

Claudio Giovanni Antonio Monteverdi
（1567洗礼〜1643）

バロック音楽の始まりは1600年ごろといわれているが、このころイタリアではオペラが誕生した。それを受けて「オルフェオ」や「ポッペアの戴冠」などを次々と発表し、それとともに新しい歌唱様式の扉を開いた。

ヨハン・ゼバスティアン・バッハ

Johann Sebastian Bach（1685〜1750）

音楽の父と呼ばれる。バッハ以前の音楽はすべて彼に流れ込み、それ以後の作曲家はすべて彼から影響を受けている。音楽史は、バッハなしでは考えられないと言われるほど偉大な作曲家。ドイツのアイゼナハに生まれ、1723年から死ぬまでライプチヒの聖トーマス教会楽長として活躍した。「マタイ受難曲」「ヨハネ受難曲」「ロ短調ミサ曲」などの教会音楽のほか、ブランデンブルク協奏曲全6曲、「平均律クラヴィーア曲集」全二巻など偉大な作品を数多く残している。

フランツ・ヨーゼフ・ハイドン

Franz Joseph Haydn（1732〜1809）

秩序と均衡を重んじる古典派の典型的な作曲家。交響曲の父と呼ばれているが、弦楽四重奏の分野でも優れた作品を残し、モーツァルト、ベートーヴェンへと受け継がれていった。オラトリオの分野では「天地創造」「四季」という優れた作品がある。

ヴォルフガング・アマデウス・モーツァルト

Wolfgang Amadeus Mozart（1756〜1791）

オーストリアのザルツブルクで生まれ、ウィーンで活躍。幼少のころから神童と呼ばれ天賦の才能をもつ。交響曲、協奏曲、室内楽、オペラなど、すべてのジャンルの作品を残すが、どの作品からも天衣無縫といわれるほどの完成度が見られ、無類の美しさと気品が漂っている。

ルートヴィヒ・ヴァン・ベートーヴェン

Ludwig van Beethoven（1770～1827）

クラシック音楽といえば、ジャジャジャジャーン！という「運命交響曲」の出だしとともに誰でも知っている、楽聖と呼ばれる作曲家。ドイツのボンで生まれた彼の性格は粗野で人付き合いが悪いが、それ故に彼の作品は、当時の貴族的で典雅な作風と異なり、奇抜で独創的な展開によって圧倒的な説得力をもつ。古典派音楽の完成者と言われ、後期ピアノ・ソナタなどでは、自由な形式と幻想的な雰囲気でロマン派の扉を開いた。

フランツ・ペーター・シューベルト

Franz Peter Schubert（1797～1828）

ベートーヴェンを尊敬し、交響曲などを作曲したが、彼の本領はむしろ叙情性にあるが故に、ロマン派作曲家として位置づけられている。詩に対する非凡な音楽的感性は、ドイツ歌曲の地位を向上させ、連作歌曲「美しき水車小屋の娘」や「冬の旅」などの傑作を生んだ。「野ばら」などに見られるように、親しみやすいメロディーでありながら表現力に優れ、歌曲王と呼ばれている。

フレデリック・フランソワ・ショパン

Frédéric François Chopin（1810～1849）

ワルシャワに生まれ、パリを中心に卓越したピアニストとして活躍。内向的で繊細な彼は、大劇場よりは親しい仲間たちのサロンで弾くことを好んだ。作曲家としては、ほとんど自分が弾くことを想定したピアノ曲に限られ、華麗な技巧を駆使しながら、彼特有のメランコリックな作風の作品を多数残している。聴いた後に、しみじみとした情感がいつまでも残る音楽である。

ロベルト・アレクサンダー・シューマン

Robert Alexander Schumann (1810〜1856)

典型的なロマン派の作曲家。はじめはピアニストとしてキャリアを開始し、ピアノ曲や歌曲を作っていたが、しだいに交響曲など大きな作品に向かっていった。彼の音楽の中には、異常なほど研ぎ澄まされた感性が息づいている。繊細で傷つきやすく、美への耽溺があるかと思えば、深い絶望が表現されている。連作歌曲「詩人の恋」には、そうしたロマンチシズムが余すことなく表現されている。

ジュゼッペ・フォルトゥニーノ・フランチェスコ・ヴェルディ

Giuseppe Fortunino Francesco Verdi (1813〜1901)

イタリア・オペラにおける最も偉大な作曲家として、今日においても「歌の国」イタリア全土でとても愛され尊敬されている。特に歌劇「ナブッコ」の合唱曲「想いよ、金色の翼に乗って」は、イタリア第二の国家と呼ばれ、知らない人はいない。「椿姫」「ドン・カルロ」「アイーダ」など、美しいメロディーと彫りの深いドラマ性が共存する傑作を多数残している。

ヴィルヘルム・リヒャルト・ワーグナー

Wilhelm Richard Wagner (1813〜1883)

歌重視のイタリア・オペラに対し、ドラマと音楽との高度な次元での融合を実現するため、管弦楽に圧倒的な表現力を求めたドイツ人の作曲家。後期になるに従って編成は巨大となり、色彩感の豊かさにつながっていく。そうした自分の作品をオペラではなく楽劇と呼んだ彼は、哲学的、宗教的テーマなどを深く掘り下げていった。その壮大な理想の実現のため、バイロイトに自分の楽劇のみを上演する劇場を建て、彼の死後も現代に至るまでバイロイト音楽祭が毎夏開催されている。

ヨハネス・ブラームス

Johannes Brahms (1833～1897)

ドイツのハンブルク出身。バッハ、ベートーヴェンとともにドイツの三大Bと並び称される。43歳にして19年の歳月をかけたといわれる第一交響曲を完成したが、指揮者ビューローに、「ベートーヴェンの第十交響曲のようだ」と言わしめたほどベートーヴェンを尊敬していた。ロマン派全盛期にあって、彼の構築性に満ちた作風は保守的だとも批判されたが、同時に、作品の中に共存する深いロマンチシズムへの耽溺も聴き逃してはならない。

ピョートル・イリイチ・チャイコフスキー

Pyotr Ilyich Tchaikovsky (1840～1893)

ロシアで初めての国際的作曲家。彼の作品独特の華麗な管弦楽の響きが魅力。極寒のロシアの抗い難い運命を乗り越えていこうとする葛藤が交響曲に見られる一方で、「白鳥の湖」「くるみ割り人形」などのバレエ音楽は、キビキビした躍動感と美しいメロディー故に大衆的人気を今日まで保持している。

アントニーン・レオポルト・ドヴォルザーク

Antonín Leopold Dvořák (1841～1904)

ロマン派時代も後期に入ると、ドイツ、オーストリアを中心とした音楽界に、周辺国から、独自の民族色を反映した国民楽派と呼ばれる音楽が入り込んできた。その筆頭に数えられるのが、チェコのドボルザークである。ニューヨークの音楽院の院長となった彼は、赴任先のアメリカから祖国を想って交響曲「新世界から」を作曲したが、ここにはチェコの民族音楽の要素がふんだんに聴かれる。

ガブリエル・ユルバン・フォーレ

Gabriel Urbain Fauré（1845〜1924）

フランスは、昔からパリを中心に最大の音楽消費地であり、ショパン、リストなど多くの作曲家が活躍したが、フランス人の作曲家に恵まれなかった。その意味では、ドビュッシー以前の最大の作曲家である。構築性のある重厚なドイツ音楽とは異なり、フォーレの感性は軽やかで、特に「レクィエム」は、現代まで続くフランスのカトリシズムを象徴する気品と柔軟性に満ちている。

セルゲイ・ヴァシリエヴィチ・ラフマニノフ

Sergei Vasil'evich Rachmaninov（1873〜1943）

ロシアのピアニスト兼作曲家。チャイコフスキーに作曲の才能を認められ、18歳でモスクワ音楽院ピアノ科を大金メダルを取って卒業したが、メダルを争った同級生はスクリャービンであった。ピアノ協奏曲は第二番が最も有名であるが、さらに超絶技巧を追求した第三番では、作曲家自身がピアノを弾いてニューヨークで初演して以来、あまりに難しいので、しばらく本人以外誰も弾こうとしなかったといわれている。

モーリス・デュリュフレ

Maurice Duruflé（1902〜1986）

子ども時代にルーアン大聖堂の聖歌隊に入り、そこの付属学校でピアノとオルガンを学ぶ。その後パリに出て、作曲家としてよりもオルガニストとしての才能を開花させた。ノートルダム寺院のオルガニストなどを務めるなど、演奏活動に精力を注ぐ。彼の「レクィエム」は、フォーレの「レクィエム」の亜流などと揶揄されることが多いが、よりグレゴリオ聖歌やルネッサンス音楽に拠り所を求めている点で、フォーレと一線を画している。

ヘルベルト・フォン・カラヤン
Herbert von Karajan (1908〜1989)

二十世紀最大の指揮者と呼ばれる。ベルリン・フィルハーモニー管弦楽団、ウィーン・フィルハーモニー管弦楽団をはじめとして、パリ管弦楽団、ミラノ・スカラ座、ザルツブルグ音楽祭などヨーロッパの楽壇にあまねく君臨し、帝王と呼ばれた。彼によって引き出されるオーケストラの豊穣で華麗なる音色に酔い痴れる聴衆がいる一方で、音ばかりがきれいだが内容に乏しいという批判もあった。解釈に奇抜なものはなかったが、それを彼にしかできないサウンドで実現したので、繰り返し聴かれる録音に向いていた。それ故にカラヤンのレコード、CDはどの指揮者よりもよく売れ、驚くべきことにその人気は没後30年たった現在でも続いている。

山田一雄　やまだ・かずお
(1912〜1991)

戦後の我が国の音楽界を支えた指揮者、作曲家。その華麗(?)な指揮ぶりは有名で、よく指揮しながらジャンプした。あるときはジャンプしたまま指揮台どころかステージから客席に転げ落ち、めげずに振り続けながら戻ったという逸話が残っている。
しかし、弟子には、無駄な動きを一切禁じ、抑制されたフォームで効果的なタクトの運動を求めた。優れた教師であったが、弟子たちはいつも、先生がレッスンで教えてくれることと実際に舞台上で指揮する姿とのギャップに悩まされた。

高田三郎　たかた・さぶろう
(1913〜2000)

合唱組曲「水のいのち」「心の四季」など今日まで歌い継がれる不滅の作品の作曲家として広く知られている。カトリック信者であるが、洗礼を受けたのは40歳のとき。きっかけはグレゴリオ聖歌に触れ、音楽と祈りとの関係に目覚めたことだといわれている。第二バチカン公会議によって日本語の典礼聖歌の作曲が急務となり、髙田氏は典礼聖歌編集部の責任者であったイエズス会の土屋吉正師より作曲を依頼され、それ以来、ミサ曲や答唱詩編をはじめとして、おびただしい数の聖歌を作った。

アンドルー・ロイド・ウェッバー
Andrew Lloyd Webber (1948〜)

「ジーザス・クライスト・スーパースター」「エビータ」「キャッツ」「オペラ座の怪人」など数々のミュージカルで大成功を収めたイギリスの作曲家。彼が「レクィエム」を作曲したことに驚く人も少なくないが、彼の父親はウェストミュンスター寺院のオルガニストであり、宗教音楽も作曲していたというので、DNAと環境にそうしたバックグラウンドがあったものと思われる。「レクィエム」はフォーレ、デュルフレの路線に近い。

サイモン・ラトル
Simon Denis Rattle (1955〜)

イギリスの指揮者。カラヤン、クラウディオ・アッバードのあとを継いで、ベルリン・フィルハーモニー管弦楽団の首席指揮者兼芸術監督に就任してから一躍有名になった。ベルリン・フィルは、カラヤン時代の重厚感に代わって、より柔軟なサウンドになり、音楽の喜びが溢れ出る自由で明るい音楽が奏でられるようになった。

三澤洋史　みさわ・ひろふみ
(1955年〜)

指揮者、作曲家。国立音楽大学卒業後、ベルリン芸術大学指揮科を首席で卒業。1999年から2003年までの5年間「バイロイト音楽祭」で、祝祭合唱団指導スタッフの一員として従事。2011年には、文化庁在外研修員として、ミラノ・スカラ座において、合唱指揮者ブルーノ・カゾーニ氏のもとでスカラ座合唱団の音楽作りを研修。これらの経験を生かして、2001年より現在まで合唱指揮者を務めている新国立劇場合唱団を世界のトップレベルに鍛え上げた。2017年11月、その業績が評価され、JASRAC音楽文化賞を受賞。合唱団は、2018年度第31回ミュージック・ペンクラブ音楽賞クラシック部門、室内楽・合唱部門受賞している。また、2013年8月、名古屋で、ワーグナー作「パルジファル」全曲をアマチュア・オーケストラ、(現)愛知祝祭管弦楽団によって演奏、「名古屋音楽ペンクラブ賞」を受賞。2016年から1年ごとに、「ニーベルングの指環」全4部作を上演。また、総合的舞台芸術をめざして、作曲のみならず、台本、演出も手がけるミュージカル「おにころ〜愛をとりもどせ」「愛はてしなく—マグダラのマリアの生涯」「ナディーヌ」を創作。郷里の群馬県高崎市新町において新町歌劇団を30年以上率いている。著書に『オペラ座のお仕事』(早川書房)。現在、新国立劇場合唱団首席指揮者、愛知祝祭管弦楽団音楽監督、東京バロック・スコラーズ音楽監督、京都ヴェルディ協会理事。カトリック信者としては月刊誌「福音宣教」に2年間にわたり連載をもち、真生会館で「音楽と祈り」講座を開催するなど活動。

ちょっとお話《はな》し しませんか
祈《いの》りと音楽《おんがく》の調《しら》べにのせて

2020年6月1日　初版発行

著　者　三澤洋史
発行者　関谷義樹
発行所　ドン・ボスコ社
〒160-0004　東京都新宿区四谷1-9-7
TEL03-3351-7041　FAX03-3351-5430
イラスト　江崎智香
装　幀　幅雅臣
印刷所　株式会社平文社

ISBN978-4-88626-666-8
（乱丁・落丁はお取替えいたします）